*A ideia de uma ciência
social e sua relação
com a filosofia*

FUNDAÇÃO EDITORA DA UNESP

Presidente do Conselho Curador
Mário Sérgio Vasconcelos

Diretor-Presidente
Jézio Hernani Bomfim Gutierre

Superintendente Administrativo e Financeiro
William de Souza Agostinho

Conselho Editorial Acadêmico
Danilo Rothberg
Luis Fernando Ayerbe
Marcelo Takeshi Yamashita
Maria Cristina Pereira Lima
Milton Terumitsu Sogabe
Newton La Scala Júnior
Pedro Angelo Pagni
Renata Junqueira de Souza
Sandra Aparecida Ferreira
Valéria dos Santos Guimarães

Editores-Adjuntos
Anderson Nobara
Leandro Rodrigues

PETER WINCH

A ideia de uma ciência social e sua relação com a filosofia

Com novo prefácio à edição inglesa de
Raimond Gaita

Tradução
Rachel Meneguello

editora
unesp

Primeira publicação na Grã-Bretanha 1958
por Routledge & Kegan Paul, pela Humanities Press International, Inc
Segunda publicação na Grã-Bretanha 1990
por Routledge, pela Humanities Press International, Inc
Primeira publicação na Routledge Classics series 2008
por Routledge, 2 Park Square, Milton Park, Abingdonm Oxon OX14 4RN
© Peter Winch 1958, 1990, 2008
Introdução à edição da Routledge Classics © Raimond Gaita 2008
Índice compilado por Indexing Specialists (UK) Ltd
Todos os direitos reservados. Tradução autorizada a partir da edição em língua inglesa publicada pela Routledge, membro da Taylor & Francis Group.

© 2020 Editora Unesp

Título original: *The Idea of a Social Science and Its Relation to Philosophy* – 1ª Edition

Direitos de publicação reservados à:
Fundação Editora da Unesp (FEU)
Praça da Sé, 108
01001-900 – São Paulo – SP
Tel.: (0xx11) 3242-7171
Fax: (0xx11) 3242-7172
www.editoraunesp.com.br
www.livrariaunesp.com.br
atendimento.editora@unesp.br

Dados Internacionais de Catalogação na Publicação (CIP) de acordo com ISBD
Elaborado por Vagner Rodolfo da Silva – CRB-8/9410

W758i

Winch, Peter
    A ideia de uma ciência social e sua relação com a filosofia / Peter Winch; traduzido por Rachel Meneguello. – São Paulo: Editora Unesp, 2020.

    Tradução de: *The Idea of a Social Science and Its Relation to Philosophy*
    Inclui bibliografia e índice.
    ISBN: 978-65-5711-002-7

    1. Filosofia.   2. Sociologia.   3. Ciência.   I. Meneguello, Rachel. II. Título.

2020-1281   CDD 100
                                                                CDU 1

Editora afiliada:

Sumário

Prefácio à segunda edição . *9*

Prefácio à edição inglesa . *21*

1. Fundamentos filosóficos . *33*
   1. Objetivos e estratégia . *33*
   2. A concepção de filosofia como um trabalhador inferior . *35*
   3. Filosofia e ciência . *39*
   4. O interesse do filósofo pela linguagem . *43*
   5. Investigações conceituais e empíricas . *48*
   6. O papel central da epistemologia na filosofia . *50*
   7. A epistemologia e a compreensão da sociedade . *53*
   8. Regras: a análise de Wittgenstein . *57*
   9. Alguns equívocos a respeito de Wittgenstein . *65*

2. A natureza do comportamento significativo . *73*
   1. Filosofia e sociologia . *73*
   2. O comportamento significativo . *78*
   3. Atividades e preceitos . *85*

4. Regras e hábitos . *91*

5. Reflexividade . *96*

3. Os estudos sociais como ciência . *101*

 1. A *Lógica das ciências morais* de J. S. Mill . *101*

 2. Diferenças em grau e diferenças em espécie . *107*

 3. Motivos e causas . *111*

 4. Motivos, disposições e razões . *115*

 5. A investigação das regularidades . *118*

 6. Compreendendo as instituições sociais . *122*

 7. A predição nos estudos sociais . *126*

4. A mente e a sociedade . *131*

 1. Pareto: conduta lógica e não lógica . *131*

 2. Pareto: resíduos e derivações . *140*

 3. Max Weber: *Verstehen* e a explicação causal . *148*

 4. Max Weber: ação significativa e ação social . *152*

5. Conceitos e ações . *157*

 1. A internalidade das relações sociais . *157*

 2. "Ideias" discursivas e não discursivas . *164*

 3. As ciências sociais e a história . *168*

 4. Consideração final . *173*

Referências bibliográficas . *175*

Índice remissivo . *179*

Denn wenn es schon wahr ist, dass moralische Handlungen, sie mögen zu noch so verschiednen Zeiten, bey noch so verschiednen Völkern vorkommen, in sich betrachtet immer die nehmlichen bleiben: so haben doch darum die nehmlichen Handlungen nicht immer die nehmlichen Benennungen, und es ist ungerecht, irgend einer eine andere Benennung zu geben, als die, welche sie zu ihren Zeiten, und bey ihrem Volk zu haben pflegte.[1]

Gotthold Ephraim Lessing, *Anti-Goeze*

---

[1] "Certamente pode ser verdade que as ações morais são, em si, sempre as mesmas, embora os tempos e as sociedades em que ocorrem sejam diferentes; mas, ainda assim, as mesmas ações não têm sempre os mesmos nomes, e é injusto dar a qualquer ação um nome diferente daquele que é usado no seu próprio tempo pelo seu próprio povo."

Prefácio à segunda edição

Minha razão para declinar o convite do editor para revisar este livro antes desta publicação certamente não é o fato de eu desejar manter cada palavra que ele contém, tal como está escrito. Dificilmente isso seria concebível e, certamente, nada plausível mais de trinta anos após sua elaboração original. E uma revisão do texto existente requereria que eu retomasse a perspectiva que adotei quando o escrevi; e eu não poderia fazê-lo, mesmo que quisesse. Não se trata de considerar que os profundos erros e confusões que procurei expor não mais existam. Mas, se fosse enfrentá-los agora, naturalmente, eu gostaria de abordá-los na forma que assumem no pensamento corrente; e certamente muitas coisas mudaram tanto na filosofia quanto nas ciências sociais desde a primeira edição. Eu também mudei um pouco. E o interesse na natureza e nas condições das várias formas da compreensão humana, expresso neste estudo de uma certa concepção prevalecente das ciências sociais, tem me levado, desde então, a diferentes áreas de investigação. Por essas e por outras razões, considero que uma revisão não é algo profícuo a realizar, levando em conta que reescrever todo o livro me afastaria de preocupações que, neste momento, considero mais importantes. Assim, escrevo este Prefácio para sugerir algumas das coisas que gostaria de dizer de forma diferente, se fosse reescrever o livro.

O núcleo central do argumento está realmente estabelecido no Capítulo 3, Seções 5 e 6. O título da Seção 6 é "Compreendendo as instituições sociais". É importante que neste ponto crucial eu use a palavra "compreensão" e não "explanação". Dizendo isso, não quero aludir à distinção feita por Max Weber entre "explanação causal" e "compreensão interpretativa" (discutido no Capítulo 4, Seção 3). O ponto a que me refiro é diferente. Metodólogos e filósofos da ciência regularmente abordam seu tema perguntando qual é o caráter das *explanações* oferecido na ciência que está sendo considerada. Certamente, as explanações são estreitamente conectadas com a compreensão. A compreensão é o objetivo da explanação e o produto final de uma explanação bem-sucedida. Mas é claro que disso não decorre que haja compreensão apenas onde houve explanação; nem que isso de fato é verdadeiro. Minha expectativa é que todos aceitem isso.

Mas eu gostaria de seguir para um ponto do qual o argumento do livro depende. A menos que haja uma forma de compreensão que não seja resultado da explanação, nenhuma explanação seria possível. Uma explanação é demandada apenas onde há, ou ao menos onde deveria haver, uma deficiência de compreensão. Mas deve haver algum padrão contra o qual tal deficiência seja medida: e esse padrão apenas pode ser uma compreensão que já temos. Além disso, a compreensão que já temos está expressa nos conceitos que constituem a forma do assunto com que estamos preocupados. Esses conceitos, por outro lado, também

A ideia de uma ciência social e sua relação com a filosofia

expressam certos aspectos das características da vida daqueles que os aplicam. Essas estreitas interconexões são o tema principal que o livro explora. Como eu disse, as vinculações mais importantes estão colocadas no Capítulo 3, Seções 5 e 6.

Penso que ainda desejo manter a estrutura principal do que escrevi nessas seções. Mas há duas importantes formas nas quais eu agora deveria me expressar de maneira diferente no desenvolvimento do argumento. Elas dizem respeito ao meu uso das palavras "causa" e "regra". A discussão no livro sobre a distinção entre ciências naturais e ciências sociais envolve o conceito de *generalidade* e as diferentes formas pelas quais ele caracteriza nossa compreensão dos fenômenos naturais e sociais, respectivamente. Expressei essa diferença afirmando que nossa compreensão dos fenômenos naturais é dada nos termos da noção de causa, enquanto nossa compreensão dos fenômenos sociais envolve as categorias de *motivos* e *razões* para ações. Além disso, como argumentei, enquanto a categoria de causa envolve a generalidade através de generalizações empíricas, a da razão para a ação envolve generalidade por meio de regras. E essas noções – de generalização e de regra – diferem uma da outra em importantes aspectos lógicos.

Infelizmente, não realizei nenhuma investigação séria sobre a noção de causa. A base para o que escrevi sobre a distinção entre "causa" e "motivo" foi a quase assimilação de John Stuart Mill de ambas essas noções, dentro de uma descrição de causalidade baseada em Hume, na qual a categoria fundamental era a da regularidade estabelecida pela observação empírica. Talvez isso estivesse justificado de forma polêmica, na medida em que os principais alvos de minhas críticas eram escritores que faziam uma assimilação similar. É verdade, expressei re-

11

Peter Winch

servas sobre a explanação de Hume (ver em Capítulo 5, Seção 1). Mas isso não foi explorado em um grau significativo. O resultado foi que algumas vezes neguei que o comportamento humano pudesse ser entendido em termos causais, quando eu deveria dizer que nossa compreensão do comportamento humano não é elucidada por nada semelhante à explicação de "causa" em Hume (e Mill). Agora, certamente, essa descrição é também inadequada como uma elucidação de nossa compreensão do fenômeno da natureza. Assim, estabelecer a distinção entre as ciências naturais e as ciências sociais em tais termos requereria uma investigação sobre as diferentes razões da inadequação da descrição baseada em Hume, enquanto aplicada ao uso científico natural da palavra "causa", e de sua inadequação enquanto aplicada para falar sobre "razões" e "motivos" das ações humanas.

Mas é provável que teria sido melhor não tentar, absolutamente, apresentar a distinção em tais termos. O ponto importante a lembrar aqui é que a palavra "causa" (e as palavras relacionadas) é usada em uma variedade muito ampla de formas em diferentes contextos. A descrição de Hume aplica-se muito bem a alguns desses usos, para outros, muito dificilmente. Nós *usamos* a linguagem causal quando exploramos os motivos das pessoas. "O que o fez fazer isso?" "Qual foi a causa de ele fazer isso?" "Foi uma combinação de ambição, ganância e ciúmes." E não há absolutamente nada errado com essa forma de falar; isso não pode ser dito para ser meramente metafórico. Disso segue que noções causais aplicam-se ao comportamento humano. Mas seria um grande erro pensar que, ao dizer isso, estamos dizendo alguma coisa substancial sobre a forma de explanação e compreensão desse comportamento em questão.

A ideia de uma ciência social e sua relação com a filosofia

Mais especificamente, por exemplo, porque *também* falamos da causa da falha do motor ao ligar devido às velas sujas de ignição, seria um grande equívoco inferir que estamos tratando de uma explanação do mesmo tipo que a oferecida no exemplo anterior. A expressão "explanação causal", talvez seja possível dizer, indica *o que* está explanado — *grosso modo*, a fonte ou a origem de algo — e até aqui diz pouco ou nada sobre *como* isto está sendo explanado, ou sobre como a explanação é.

Há uma distorção muito semelhante na forma como escrevi sobre "regras" naquilo que disse sobre nossa compreensão do comportamento humano. Minha estratégia foi delinear o que tomei como aspecto central da discussão de Wittgenstein sobre a noção de seguir uma regra na sua aplicação ao uso da linguagem, e aplicar aquela discussão ao comportamento humano em termos muito mais gerais. Isso ainda me parece uma boa estratégia: e não é menos importante, porque esse é um aspecto central do que Wittgenstein escreve sobre linguagem, que ela apenas pode ser vista pelo que é se for observada em um contexto mais geral de comportamento no qual está envolvida. Mas, infelizmente, eu estava longe de ser suficientemente cuidadoso com a forma na qual expressei a relevância da noção de uma regra, tanto para a linguagem quanto para outras formas de comportamento.

No Capítulo 1, Seção 8, em que discuti inicialmente o assunto de forma séria, não escrevi explicitamente que todos os usos da linguagem são governados pela regra. Mas, no Capítulo 2, Seção 2, eu estava bem menos cuidadoso: a afirmação (que considero correta) de que estar comprometido com alguma ação futura pelo que faço agora é formalmente similar a estar comprometido com um uso subsequente de uma palavra por

13

uma definição, é seguido por: "Segue que posso apenas estar comprometido com algo no futuro pelo que faço agora se meu ato presente for a *aplicação de uma regra*" (p.83-4). Mas isso *não* segue algo dito na seção anterior, nem considero isso verdadeiro como é apresentado. As coisas ficam piores no Capítulo 2, Seção 3, quando afirmo que "todo comportamento que é significativo (portanto, como comportamento especificamente humano) é, *ipso facto*, governado por regras" (p.85). É fato que procuro qualificar essa afirmação mais à frente na mesma seção, distinguindo tipos diferentes de regras, mas agora não considero isso suficiente para apresentar as coisas corretamente.

Uma das melhores afirmações da verdade do assunto, me parece, está nas Seções 81 e 82 das *Investigações filosóficas*, de Wittgenstein, Parte I:

> F. P. Ramsey em uma ocasião enfatizou em conversa comigo que a lógica era uma "ciência normativa". Eu não sei exatamente o que ele tinha em mente, mas sem dúvida isso estava estreitamente ligado ao que apenas mais tarde ficou mais claro para mim: ou seja, que em filosofia nós frequentemente *comparamos* o uso de palavras com jogos e cálculos que têm regras fixas, mas não podemos dizer que alguém que está usando linguagem *deve* jogar esse jogo.
>
> [...]
>
> O que eu chamo de a regra segundo a qual ele procede? — A hipótese que satisfatoriamente descreve o seu uso de palavras, a qual observamos; ou a regra que ele consulta quando utiliza signos; ou aquilo que ele nos dá em resposta se lhe perguntamos o que a regra é? — Mas, e se a observação não nos permite ver qualquer regra clara e a questão não desvenda nada? — Pois ele

A ideia de uma ciência social e sua relação com a filosofia

me deu certamente uma definição quando lhe perguntei o que ele entendia por "N", mas estava preparado para retirá-lo e alterá-lo. Então, como vou determinar a regra de acordo com a qual ele está jogando? Ele próprio não a conhece. – Ou, para apresentar uma questão melhor: qual é o significado da expressão "a regra segundo a qual ele procede?" supostamente deixada aqui?

Se eu tivesse dado a devida atenção a essas observações (e outras de cunho semelhante), teria evitado a impressão, às vezes dada neste livro, de que práticas sociais, tradições, instituições etc. são mais ou menos autossuficientes e seguem, cada uma, seu próprio caminho autônomo. Um exemplo particularmente infeliz disso ocorre em uma passagem muito citada e criticada no Capítulo 5, Seção 1. Na p.137, escrevo que "critérios da lógica não são uma dádiva direta de Deus, mas emergem e apenas são inteligíveis no contexto de formas de vida ou modos de vida social". Isso ainda me parece fundamentalmente correto. Mas, então, eu desenvolvo o pensamento de forma equivocada. "Disso segue-se que não se podem aplicar critérios de lógica aos modos de vida social como tais. Por exemplo, a ciência é um modo de vida e a religião é outro, e cada um tem critérios de inteligibilidade peculiares a si próprios." Há muitas coisas erradas com essa forma de colocar a questão. Por um lado, é muito equivocado supor que todos os aspectos da vida humana, aos quais se supõe que o pensamento é aplicado, estão sobre a mesma base. Eu próprio desenvolvi esse ponto em um artigo escrito não muito depois de redigir este livro,[1] em

---

1 Winch, *Nature and Convention*, reimpresso em *Ethics and Action*. Cf. especialmente p.58-9.

que argumento que é um equívoco trazer juntas, como foram, a ciência e a moralidade como "formas de atividade". Algo semelhante poderia ser dito (embora não da mesma forma) sobre a ciência e a religião. Novamente, e de forma articulada, a sugestão de que os modos de vida social são autônomos entre si foi neutralizada de forma insuficiente por minha observação qualificada (p.137) sobre "o caráter sobreposto dos diferentes modos de vida social". Diferentes aspectos da vida social não se "sobrepõem" simplesmente: eles frequentemente são internamente relacionados de uma forma tal que não podem nem mesmo ser concebidos de forma inteligível existindo isolados uns dos outros (Rush Rhees tem uma discussão importante desse ponto no seu artigo "Wittgenstein's Builders", em seu *Discussions of Wittgenstein*, 1969).

A atenção adequada à passagem das *Investigações filosóficas* à qual me refiro teria me ajudado a ver mais claramente a importância desse e de outros aspectos relacionados, e teria me poupado das impropriedades do Capítulo 4, Seção 1. Isso não enfraqueceu meu argumento contra Pareto nessa seção, ao contrário, fortaleceu-o. Com efeito, eu o criticava por uma sobreidealização da lógica, sem que eu próprio tivesse escapado da mesma tendência. As dificuldades lógico-conceituais que emergem quando formas de pensamento com raízes em diferentes níveis da vida humana são aplicadas em cada uma não podem ser resolvidas por qualquer apelo ao sistema formal – seja um sistema de princípios lógicos, dado por Deus, ou um sistema de modos da vida social, cada qual com critérios de inteligibilidade específicos em si.

Da mesma forma, uma maior clareza sobre a forma com que a noção de regra se relaciona ao comportamento humano teria,

A ideia de uma ciência social e sua relação com a filosofia

ao menos, intensificado a força dos contrastes que delineei entre as ciências sociais e as ciências naturais. Entretanto, alguns dos meus pontos deveriam ter sido formulados de forma diferente. Por exemplo, não fui capaz de me expressar de forma nítida, como na p.96: É apenas pelo fato de as ações humanas exemplificarem regras que podemos falar da experiência passada como relevante para nosso comportamento presente. O ponto que eu quis afirmar pode apenas ser expresso adequadamente em alguma medida, mas uma aproximação poderia ser: os tipos de relevância que a experiência passada têm para o comportamento presente apenas podem ser destacados na medida em que esse comportamento exemplifica regras, ou é, em aspectos relevantes, análogo ao comportamento que exemplifica regras.

Assim, embora eu considere que os pontos que afirmei até o momento digam respeito a importantes deficiências na forma com a qual desenvolvi o contraste entre as ciências naturais e as ciências sociais neste livro, parece-me que os principais aspectos se mantêm. Mas isso não significa que eu considere que não há nada errado com a base geral do argumento. No início do Capítulo 5, Seção 2, sugeri que "a interação social pode ser comparada de forma mais profícua com a troca de ideias em uma conversação do que com a interação de forças em um sistema físico" (p.164). Isso ainda me parece suficientemente correto *pelo menos até aqui*. O problema é, entretanto, que fiquei preocupado demais com o lado negativo da afirmação, com a consequência de que nunca segui seriamente minha própria sugestão de olhar a comparação entre a vida social e a troca de ideias em uma conversação.

Se tivesse feito isso, eu poderia ter sido atingido pela *fragilidade* das condições ético-culturais que tornaram possível essa troca de ideias. Em ensaios escritos após a publicação de *A ideia de uma ciência social* – por exemplo, aqueles numerados de 2 a 5 na *Ethics and Action* –, tentei explorar algumas das formas nas quais as concepções éticas entram em nossa compreensão da vida social. Mas esses ensaios, assim como o presente livro, ainda não resolvem os problemas criados pelo que chamei a "fragilidade" das condições sobre as quais concepções éticas podem estar ativas na vida social. Isso não apenas constitui uma lacuna no argumento, mas resulta em sérias distorções: estas já se tornam aparentes no capítulo final deste livro.

A Seção 2 desse capítulo identifica equivocadamente o problema real sobre a tendência global do argumento do livro como sendo uma "sobreintelectualização" da vida social. Ao fazer isso, ele de fato evita o papel desempenhado pela força bruta nessa vida. Assim, no parágrafo final dessa seção, tentei acomodar os fenômenos, tal como a guerra, na imagem que desenhei ao insistir, vagamente, que ainda subsistem "relações internas" entre combatentes humanos em um sentido que não é verdadeiro em uma luta entre animais selvagens. Mas, certamente, isso em nada serve para defender a imagem bastante confortável sugerida pela forma com que comparei as relações sociais com a troca em uma conversação. Para levar a sério uma comparação, deveríamos levantar questões como: qual papel é desempenhado nessa troca de ideias pelas estratégias de enganação, chantagem, *bullying* emocional, socos no nariz etc. O *mote* de Clausewitz sobre a guerra como a continuação da diplomacia através de outros meios tem seu próprio ponto; mas isso não enfraquece o enorme *contraste* entre as relações humanas governadas por ideias de justiça e aquelas governadas pela força. A natureza do contraste é importante para os assuntos

A ideia de uma ciência social e sua relação com a filosofia

discutidos neste livro, mas o livro em si, infelizmente, não tem nada a dizer sobre eles. Um escritor contemporâneo em cujo trabalho essas questões têm sido centrais é Jürgen Habermas, embora sua forma de tratá-los não seja a minha. Outra autora recente que, parece-me, tem feito mais que qualquer um para revelar a profundidade desses temas é Simone Weil. Discuti o que ela diz sobre eles em *Simone Weil*: The Just Balance (1989).

Peter Winch

Prefácio à edição inglesa

Com a publicação em 1958 de *A ideia de uma ciência social*, Peter Winch, um filósofo analítico, tornou-se um dos filósofos britânicos mais amplamente lidos, controversos e incompreendidos. Ele era, de fato, difícil de classificar. Filósofo britânico, admirava e era admirado por filósofos europeus – Henrik Georg Gadamer, Jürgen Habermas e Karl Otto Apel, por exemplo –, mas a quem muitos filósofos analíticos olhavam de cima ou pior. Para apresentar o que considerava o vazio de algumas locuções teóricas em filosofia, ele fazia que elas rigorosamente respondessem a expressões em linguagem natural das quais derivavam e das quais eram parasitas. Winch não era, entretanto, um filósofo reducionista da "linguagem ordinária". E embora frequentemente afirmasse que a análise conceitual era a tarefa distintiva da filosofia, ele se diferenciava de muitos de seus colegas que diziam o mesmo por entender que era necessária uma melhor compreensão da natureza dos conceitos, sua formação e o lugar que eles têm na vida daqueles que os usam, para que a exposição do contrassenso não fosse um exercício fátuo. Como, de fato, foi considerado por um público de não especialistas que considerou que a análise conceitual e a filosofia da linguagem trivializaram a filosofia, e, mais tarde, por filósofos, que se voltaram com alívio à metafísica e à filosofia moral e, novamente, indagaram a antiga questão: como devemos viver?

Winch era vivamente, mas também humildemente, atento à forma como mesmo os filósofos, que acreditam que sua *expertise* reside na revelação do contrassenso, podem eles próprios falar o contrassenso e o quanto essa tendência ocorre na filosofia, afligindo mesmo os maiores filósofos.

Ele percebeu, no entanto, que essa tendência não era meramente uma expressão da confusão que resultou do uso equivocado de palavras. Assim como acreditou que o behaviorismo na psicologia e nas ciências sociais estavam baseados em uma compreensão equivocada do comportamento humano, ele acreditava que a análise conceitual e a filosofia da linguagem revelavam, muito frequentemente, uma compreensão inadequada das interdependências que existem entre os conceitos e a vida das pessoas que os usam.

"As questões filosóficas", diz Winch logo no início do livro, "em grande medida, estão relacionadas ao uso correto de certas expressões linguísticas, e a elucidação de um conceito é, em grande medida, o esclarecimento de confusões linguísticas" (p.43). Mas, ele adverte, "o interesse do filósofo não reside tanto na solução de confusões linguísticas específicas para seu próprio benefício, quanto na solução de confusões sobre a natureza da linguagem em geral" (p.44). Essas confusões, ele sugere, emergem de uma falha em avaliar a importância para a linguagem "do que é *dizer* alguma coisa" (p.44). Compreender isso não será obtido por elaborações da ideia de que dizer alguma coisa é enunciar uma sentença cujo contexto do

A ideia de uma ciência social e sua relação com a filosofia

enunciado e outras condições a fazem um certo tipo de ato de fala. A compreensão ocorre, acredita Winch, quando se detalha a conexão entre os jogos de linguagem nos quais se diz isto ou aquilo, e as formas de vida de que falam esses jogos de linguagem. As expressões "jogo de linguagem" e "forma de vida" vêm das *Investigações filosóficas*, de Wittgenstein. Elas têm sido objeto de muita discussão crítica, frequentemente hostil, em parte porque, sejam aquelas simpáticas a Wittgenstein, sejam aquelas hostis, seu uso, com o tempo, tendeu mais a inutilizar o pensamento do que a renová-lo. No prefácio à segunda edição, Winch admite sua parte nisso. Ele é crítico dessa tendência neste livro por tratar os jogos de linguagem como se fossem fechados. Falar de sua "interação" de um com o outro não desfaria o prejuízo, diz ele; antes, devemos observar suas relações entre si como "internas".

A chave para o que Winch quer dizer com "interno" é encontrada no ensaio de Rush Rhees "Wittgenstein's Builders", ao qual Winch se refere em seu prefácio.[1] Rhees afirma que não haveria linguagem sem conversação. Talvez o aspecto mais notável dessa afirmação é que parece trazer o assunto de volta. Nós não precisamos da linguagem para expressar o que queremos dizer em uma conversação? A conversação não é um desenvolvimento sofisticado entre seres que têm uma linguagem? Não poderia haver uma linguagem consideravelmente menos sofisticada que outras, que consistisse principalmente de instruções, demandas e alertas – uma linguagem inteiramente a serviço das proposições compartilhadas pelos que a falam?

---

1 Em Winch (ed.), *Studies in the Philosophy of Wittgenstein*.

Peter Winch

Algumas dessas objeções são válidas e Rhees não as teria negado. Certamente as pessoas podem conversar apenas porque são parte de uma comunidade linguística. A linguagem os precede, e, em um sentido bastante claro, penso eu, torna a conversação possível entre eles. Rhees diria, contudo, que isso não é uma razão para pensar que poderíamos seriamente conceber que pessoas têm uma linguagem, mas não conversam. Nem implica que a linguagem seja um meio pelo qual comunicamos nossos pensamentos, ou que a sua unidade seja a unidade dada a ela por um sistema de proposições ou conceitos, um sistema que torna possível que a linguagem exista. A unidade da linguagem, Rhees acredita, é exatamente a unidade do que está sendo falado. Isso, penso eu, é o ponto de sua consideração, no único ensaio ao qual Winch se refere, que "a linguagem é algo falado".

Se pensarmos que a linguagem é simplesmente um meio para chegar aos nossos fins, o meio pelo qual expressamos a outros nossos pensamentos, desejos e proposições, então não há razão para não considerar que tenha sido inventada por Deus, assim como se ele tivesse elaborado uma ferramenta e a mantido em espera até que pudéssemos usá-la. A capacidade para falar e os meios pelos quais o fazemos poderiam então ser concedidos a nós por um raio. Quando as pessoas falam que deveriam construir robôs que vivem e conversam conosco, eles imaginam algo desse tipo. Primeiro construiríamos o robô e, quando estivesse terminado, construiríamos dentro dele uma capacidade de falar.

Para Rhees e para Winch, a linguagem constitui uma totalidade, assim como as conversações constituem uma totalidade. Esse pensamento, acredito, subsidia a afirmação de Winch de que "a interação social pode ser comparada de forma mais profícua com a troca de ideias em uma conversação do que

A ideia de uma ciência social e sua relação com a filosofia

com a interação de forças em um sistema físico" (p.164). A séria qualificação que ele então faz no prefácio – de que não tomou suficientemente a sério o papel da força ao destruir as condições de conversação e, portanto, a vida institucional que depende dela – não implica que o poder da força para debilitar instituições sociais muito frágeis é mais bem compreendida pelo tipo de investigação social à qual este livro é crítico.

Obviamente, posso fazer pouco mais do que um esboço das implicações de tal concepção de linguagem e de fala para uma leitura de *A ideia de uma ciência social*. Para uma descrição mais densa, recomendo ao leitor os ensaios de Winch em *Trying to Make Sense* e seu livro *Simone Weil*: The Just Balance. Nesses trabalhos, ele discute algo apenas mencionado em *A ideia de uma ciência social*, qual seja, as reflexões de Wittgenstein sobre as reações primitivas e seu lugar na constituição de nossos conceitos, seu papel em "nossa vida com linguagem", para tomar uma expressão do ensaio de Cora Diamond, "Rules Looking in the Right Place", um trabalho muito admirado por Winch.[2] Essas reflexões sobre "nossas atitudes em relação à alma", por exemplo, nos permitem desenvolver uma compreensão do que é ser um ser humano, e o lugar, nessa compreensão, de nossas respostas aos vários comportamentos e inflexões do corpo vivo. Isso, por sua vez, nos dá material para uma crítica mais radical das concepções mecanicistas sobre nós mesmos e do que fazemos (incluindo, eu diria, também do que os animais fazem). Por essa razão, penso eu, Winch observa no prefácio que, embora seu último trabalho apresente bases para criticar alguns dos argumentos-chave em *A ideia de uma ciência social*, ele

---

2 Phillips; Winch (eds.), *Attention to Particulars*.

também apresenta bases para uma melhor compreensão daqueles argumentos e de por que eles manteriam sua força.

No centro da crítica de Winch às ciências sociais, tal como eram praticadas por uma boa parte quando ele escreveu *A ideia de uma ciência social*, está a aspiração equivocada dos cientistas sociais em modelar seus métodos de investigação nas ciências naturais. Essa aspiração era parcialmente uma função do prestígio merecido que seus sucessos tinham trazido para as ciências naturais. Mais fundamentalmente, entretanto, era uma função das pressuposições sobre o que merecia ser chamado de conhecimento. No caso do comportamento humano, tal como estudado pela psicologia ou pelas ciências sociais, uma importante pressuposição era que obtemos o *conhecimento* do comportamento humano apenas quando entendemos suas causas, tal como reveladas em generalizações que envolvem o comportamento, redescrito em termos teóricos adequados.

O principal problema com essa pressuposição, como a vê Winch, não é que o comportamento humano não seja quantificável, ou que não se possa encontrar generalizações dele para apoiar o tipo de predições que a ciência demandava — isso, pensava ele, é suficientemente verdadeiro —, mas isso é o sintoma de uma dificuldade mais profunda, que é a falha, por parte da ciência social que ele estava criticando, para compreender a natureza do comportamento significativo. O comportamento humano era explicado em grande medida por razões, e razões, ele argumentava, não eram causas do comportamento que elas explicavam. Redescrever ações humanas através de modos que as tornem candidatas plausíveis para generalizações causais, de um tipo que um dia consigam o *status* de leis causais, não é aprofundar a compreensão do objeto com o qual se começou,

A ideia de uma ciência social e sua relação com a filosofia

mas perdê-lo por completo. Ele argumentava que a atenção às considerações de Wittgenstein em *Investigações filosóficas*, naquilo que é para os falantes de uma linguagem seguir as regras daquela linguagem, oferecia um melhor caminho para a compreensão do fenômeno social.

Imagine uma cientista social que quer compreender os procedimentos da disciplina nas escolas. Ela pensa que, porque a disciplina é uma resposta aos problemas comportamentais, é mais bem observada como uma forma de "modificação de comportamento". Os professores que ela está estudando, contudo, não falam de modificação de comportamento. Eles discutem se deveriam punir as crianças ou encorajar uma melhor conduta por métodos que se estaria inclinado a chamar de "suborno". Outro professor sugere que deveriam encorajar os pares a melindrar os alunos de forma a afastar o estudante até que seu comportamento melhore.

Cada uma dessas descrições do que os professores estão ponderando refere-se não apenas a um instrumento que eles deveriam usar para modificar o comportamento de seus alunos, mas a ações, e o que elas podem significar – "significar" no sentido que pretendemos quando dizemos: "Você não entende o que significa ser humilhado da forma que as crianças seriam se você encorajar seus colegas estudantes a desaprová-los?", ou como uma das professoras pode pretender quando diz: "Você chama isso de punição, mas seus limites não são dados pela justiça. Você não sabe o que punição significa. Você não vê que isso encoraja as crianças a desprezar seus professores como hipócritas?". E assim por diante. Parece que a compreensão que os professores buscam das possibilidades diante deles segue na direção de distinguir o significado dessa ação da outra, em maneiras que requerem uma sensibilidade refinada pela literatura, tanto quanto uma inteligência refinada pela teoria, seja filosófica ou científica. Quando isso traz as conotações que possui na língua ordinária, a expressão "comportamento modificado" implica manipulação, o que é quase sempre errado. Obviamente devemos ter um ouvido para essas conotações. Não cabe ser surdo. Quando uma frase tenta desreconhecer essas conotações, esperando tornar-se um termo neutro na ciência do comportamento, e assim encontrar na generalidade a compreensão aprofundada que a generalidade dá às ciências duras, então isso impede mais do que faz avançar a compreensão.

Para um cientista social observando os professores em meu exemplo para conseguir uma redescrição de suas ações que começaria a abordar generalizações causais do tipo buscado na ciência, seria necessário um grau de distanciamento da linguagem que esses participantes usam para descrever suas ações, um distanciamento que parece inconsistente com a sensibilidade necessária para compreender o que está seriamente em questão para os professores... E, aqui — e este é outro ponto de partida da filosofia da linguagem ordinária —, controlar os conceitos da linguagem ordinária, recorrendo "ao que comumente dizemos", não é suficiente. Não é suficiente porque isso não vai, em si, permitir que alguém entenda o que é profundo e superficial na discussão dos professores sobre a justiça, sobre o que constitui suborno, sobre humilhação e hipocrisia, por exemplo. O assunto sobre o qual os professores estão pensando em meu exemplo é de um tipo cuja descrição e avaliação reflexiva deve admitir como indispensável, como intrínseco ao seu conteúdo, que julgamentos de que isso ou aquilo é sentimental, ou superado pelo *páthos*, ou banal e, talvez, *em formas parcialmente definidas por esses conceitos*,

A ideia de uma ciência social e sua relação com a filosofia

superficial. Isso significa que, se nosso assunto é o que os europeus chamam de antropologia filosófica, então, inescapavelmente, pensamos em *medias res*, em linguagens naturais, ricas em ressonância e alusão, moldadas e moldando a vida das pessoas.

Na filosofia, os conceitos que os professores usam em sua discussão são frequentemente chamados de "conceitos densos". Muitos deles requerem que se distinga, sob o risco da superficialidade, entre as formas reais e falsas de ação ou sentimentos que se enquadram neles — entre coragem real e imprudência, amor real e afeto, por exemplo. Tal distinção entre o real e o falso está implícita quando o professor, em meu exemplo, exclama: "Você chama *isso* justiça? Você chama *isso* encorajamento?". A exploração dessa forma de distinguir a aparência da realidade raramente apela à ciência. Mais frequentemente, ela apela, mesmo que indiretamente, à arte; não à linguagem ordinária, mas à linguagem extraordinária, tal como encontramos na poesia, por exemplo, ou, de todo modo, à linguagem "usada em toda a sua extensão", como afirma Cora Diamond.

Isso, como considerei anteriormente, significa que a entonação importa. Mas o ideal de objetividade em direção ao qual a redescrição da punição como modificação de comportamento se empenha não é aquele que busca a entonação correta: ele busca, na medida do possível, *obter a entonação fora do trabalho científico por completo*. Esse ponto se aplica ao estilo de maneira mais geral. Essa é a ideia — de fato, é a expressão de um ideal — de que alguém que busca compreensão e verdade (propriamente entendidas) deve sempre procurar extrair o conteúdo adequado à faculdade da compreensão (conteúdo cognitivo) do estilo no qual é apresentado — da qualidade literária das sentenças nas quais é apresentado, do tom de voz no qual é apresentado, da qualidade estética das imagens nas quais é apresentado, e assim por diante.

É importante observar que Winch não era oposto ao uso de termos teóricos nas tentativas de compreender o comportamento humano. Ele apenas insistia que os termos teóricos fossem responsivos nos termos que usamos na linguagem natural, e em certa medida, *vice-versa*, reflexivamente, como em meu exemplo, mas não tecnicamente. Mas para sustentar que termos teóricos respondam dessa maneira, deve-se ter tato na aplicação de conceitos do tipo a que me referi anteriormente e que distingue o profundo do superficial em uma discussão específica. À exceção de ser irracional, ou ignorante nas formas que são, em princípio, universalmente reconhecíveis, alguns participantes na discussão observados por um cientista social podem ter uma compreensão banal do que está em questão, podem não ter ouvidos à ironia, podem ter sucumbido ao sentimentalismo ou a uma disposição ao *páthos*, e assim por diante. Então, as discordâncias sobre como alguém descreveria os fenômenos que estão investigando parece ser bem diferente da discordância sobre as questões factuais ou quaisquer outras questões sobre as quais se pode razoavelmente ter esperanças de concordância universal. Se é assim, então Winch está certo em dizer que admitir que razões podem, afinal, ser causas não requer o reconhecimento de que explanações por meio de razões são do tipo que a ciência busca. O reconhecimento de que razões podem ser causas, ele insiste em seu prefácio, por si só não diz muito sobre o tipo de compreensão que se busca.

Parte do que eu disse em defesa de Winch sobre a compreensão do comportamento significativo, como já havia indicado, não está explicitamente exposto em *A ideia de uma ciência social*. Mas, ao referir-me ao seu último trabalho quando esbocei essa

A ideia de uma ciência social e sua relação com a filosofia

defesa, apenas fiz o que o próprio Winch faz no prefácio da segunda edição. Ali ele afirma que sustenta muito do que originalmente escreveu. Parte disso, certamente, ele rejeita. Mas, se seu último trabalho gera críticas sobre o que ele escreve em *A ideia de uma ciência social*, também permite ao leitor ver o grau no qual as seções da Parte II das *Investigações filosóficas* produzem uma perspectiva filosoficamente muito mais radical sobre as conexões entre os nossos conceitos e a vida que conduzimos do que muitos estudiosos de Wittgenstein, escrevendo nos anos 1950 e 1960 (incluindo Winch), foram capazes de avaliar plenamente. Ler a partir dessa perspectiva, livre dos efeitos neutralizadores gerados através dos anos pelo uso excessivo e o mau uso de expressões como "jogos de linguagem" e "formas de vida", a importância de seguir regras e suas conexões com o comportamento significativo em *A ideia de uma ciência social* está mais transformada do que rejeitada. Para esse leitor, este "pequeno livro corajoso" (como o resenhista do *Times Higher Education Supplement* corretamente o descreve) será novamente bem colocado para estimular criticamente as tendências, dessa vez dentro de partes significativas da filosofia analítica, que debilitam a ideia da sensibilidade humana necessária para a compreensão de nós mesmos. Também vai se posicionar criticamente com relação àquelas críticas às ciências sociais que colocam Winch em uma campanha para desacreditar a ideia de que o esforço para compreender a nós mesmos humanamente — ou seja, em maneiras que requerem uma essência e uma sensibilidade tão próximas da literatura quanto da ciência — é um esforço orientado para a objetividade, para observar as coisas como elas são, mais do que como, por muitas más razões, elas aparecem para nós.

Raimond Gaita

1
Fundamentos filosóficos

1. Objetivos e estratégia

Que as ciências sociais estão em sua infância tornou-se um lugar-comum entre os autores de livros sobre o assunto. Eles argumentam que isso se deve ao fato de as ciências sociais terem sido lentas em emular as ciências naturais e emancipar-se da opressão da filosofia; que houve um tempo em que não havia distinção clara entre a filosofia e a ciência natural; mas que, dada a transformação desse estado de coisas em torno do século XVII, a ciência natural tem tido avanços desde então. Mas, como sabemos, essa revolução ainda não ocorreu nas ciências sociais ou, ao menos, apenas agora está em processo. Talvez a ciência social ainda não tenha encontrado o seu Newton, mas as condições nas quais um gênio poderia surgir estão sendo criadas. Sobretudo, insiste-se, devemos seguir os métodos da ciência natural em lugar daqueles da filosofia, se quisermos fazer algum progresso significativo.

Proponho, nesta monografia, atacar tal concepção da relação entre os estudos sociais, a filosofia e as ciências naturais. Mas não se deve assumir que o que tenho a dizer deve ser alinhado àqueles movimentos anticientíficos e reacionários, que objetivam atrasar o relógio e que têm surgido e florescido em certos setores desde que a ciência começou. Meu único objetivo é assegurar que o relógio mostre o tempo correto, qualquer que ele seja. A filosofia, por razões que se tornarão mais aparentes nas páginas seguintes, não tem interesse em ser anticientífica: se buscar ser isso, ela conseguirá apenas fazer-se ridícula. Tais ataques são tão desagradáveis e indignos quanto inúteis e antifilosóficos. Mas, igualmente, e pelas mesmas razões, a filosofia deve manter-se alerta contra as *pretensões* extracientíficas da ciência. Dado que a ciência é um dos principais lemas do momento atual, isso leva o filósofo a ser impopular; provavelmente levando à mesma reação que se tem contra alguém que critica a monarquia. Mas o dia em que a filosofia tornar-se um assunto popular será o dia para o filósofo considerar onde ele errou o caminho.

Eu disse que meu objetivo era atacar a concepção atual das relações entre filosofia e os estudos sociais. Uma vez que essa concepção envolve dois tempos, uma grande parcela deste livro, o que pode parecer desproporcional para alguns, será dedicada à discussão de temas cuja relação com a natureza dos estudos sociais não é imediatamente evidente. A perspectiva que desejo salientar pressupõe uma certa concepção de filosofia, uma concepção que muitos considerarão tão herética quanto é a minha concepção de ciência social. Assim, embora possa parecer inicialmente irrelevante, uma discussão da natureza da filosofia é uma parte *essencial* do argumento deste livro. Este capítulo de abertura, portanto, não pode ser descartado como uma introdução cansativa e demorada.

A ideia de uma ciência social e sua relação com a filosofia

Pode ser mais convincente se eu destacar brevemente a estratégia geral do livro. Ela consiste em uma guerra de duas frentes: primeiro, uma crítica a algumas ideias contemporâneas dominantes sobre a natureza da filosofia; em segundo lugar, uma crítica a algumas ideias contemporâneas dominantes sobre a natureza dos estudos sociais. A tática principal será um movimento de pinça: o mesmo ponto será alcançado com argumentos vindos de direções opostas. Para completar a analogia militar antes que ela fique fora de controle, meu principal objetivo de guerra será demonstrar que as duas frentes aparentemente diversas nas quais a guerra está sendo travada, na realidade, não são tão diversas: ter clareza sobre a natureza da filosofia e ter clareza sobre a natureza dos estudos sociais correspondem à mesma coisa. Pois qualquer estudo valioso sobre a sociedade deve ter caráter filosófico, e qualquer filosofia valiosa deve preocupar-se com a natureza da sociedade humana.

2. A concepção de filosofia como um trabalhador inferior

Chamarei a concepção filosófica que quero criticar de "concepção do trabalhador inferior", em homenagem a um dos gênios que a definiram, John Locke. A seguinte passagem da Carta ao Leitor que prefacia o *Ensaio sobre o entendimento humano*, de Locke, é frequentemente citada com a aprovação dos que apoiam a concepção do trabalhador inferior.

A comunidade do conhecimento possui mestres construtores, cujos desenhos grandiosos, no avanço das ciências, deixarão monumentos duradouros para a admiração na posteridade: mas nem todos devem ter esperança em ser um Boyle ou um Sydenham; e em uma era que produz tais mestres, como o grande Huygenius e o incomparável sr. Newton, com alguns outros desse calibre, é uma ambição suficiente ser empregado como um trabalhador inferior limpando o terreno e removendo um pouco dos detritos que ficam no caminho do conhecimento.

A concepção de Locke tem eco na distinção feita por A. J. Ayer entre os "papas" e os "artesãos" da filosofia; isto está traduzido no idioma da moderna discussão filosófica de A. G. N. Flew, na sua introdução a *Logic and Language* (Primeiras Séries), e tem muitos pontos de contato com a concepção de filosofia como "lógica informal" de Gilbert Ryle (cf. Ryle, *Dilemmas*).

Vou procurar isolar alguns dos aspectos mais destacados dessa concepção, que são os mais relevantes para minha presente proposição. Primeiro, há a ideia de que "é mais através de seus métodos do que através de seus objetos que a filosofia deve ser distinguida das outras artes ou das ciências".[1] Essa concepção obviamente deriva da concepção do trabalhador inferior, pois, de acordo com ela, a filosofia não pode contribuir com qualquer compreensão positiva do mundo por seus próprios meios: ela tem apenas o papel negativo de remover os impedimentos ao avanço de nossa compreensão. A força motriz para esse avanço deve ser encontrada em métodos bem distintos de qualquer coisa encontrada na filosofia; deve ser encontrada na ciência. Nessa concepção, a filosofia é um parasita de outras disciplinas; ela não tem problemas próprios, sendo uma técnica para resolver problemas suscitados no curso das investigações não filosóficas.

---

1 Ayer, *The Problem of Knowledge.*

A ideia de uma ciência social e sua relação com a filosofia

A concepção moderna do que constitui os "detritos que ficam no caminho do conhecimento" é muito similar à própria concepção de Locke: a filosofia preocupa-se com a eliminação das confusões linguísticas. Assim, o quadro que se apresenta para nós é mais ou menos este. O novo conhecimento genuíno é obtido pelos cientistas através de métodos experimentais e observacionais. A linguagem é uma ferramenta indispensável a esse processo e, assim como qualquer ferramenta, ela pode desenvolver defeitos, e aqueles que lhe são peculiares são contradições lógicas, frequentemente concebidas como análogas às falhas mecânicas em ferramentas materiais. Assim como outros tipos de ferramenta necessitam de um mecânico especialista para mantê-las em boa condição, isso ocorre com a linguagem. Da mesma forma que o mecânico de automóveis preocupa-se em remover coisas como sujeiras no carburador, um filósofo remove contradições nos domínios do discurso.

Agora me volto a uma outra implicação, conectada à concepção do trabalhador inferior. Se os problemas da filosofia vêm de fora, torna-se necessário dar especial atenção ao papel da metafísica e da epistemologia dentro da filosofia. Pois, embora seja plausível dizer que os problemas da filosofia da ciência, da filosofia da religião, da filosofia da arte, e assim por diante, são definidos *para* a filosofia da ciência, da religião, da arte etc., não é de todo óbvio o que define os problemas para a metafísica e a epistemologia. Se dizemos que essas disciplinas são autônomas com relação a seus problemas, então certamente a concepção do trabalhador inferior desmorona como uma descrição exaustiva da natureza da filosofia. Alguns escritores têm sugerido que a metafísica e a epistemologia são apenas, respectivamente, as filosofias da ciência e da psicologia disfarçadas, mas eu nunca havia visto essa concepção defendida em detalhes, e, certamente, para quem é familiarizado com a história dessas matérias, ela não é plausível *prima facie*. Outros têm dito que as discussões metafísicas e epistemológicas são uma forma inteiramente espúria de atividade e não pertencem a absolutamente qualquer disciplina respeitável. Mas elas tratam de questões que habitualmente se repetem, e essa atitude descortês logo começa a soar falsa. De fato, essa posição é muito menos popular do que já foi antes.

Outra concepção amplamente sustentada é aquela defendida, por exemplo, por Peter Laslett em sua introdução editorial a *Philosophy, Politics and Society*. De acordo com essa concepção, a preocupação com questões epistemológicas, que por algum tempo caracterizou a discussão filosófica na Inglaterra, deve ser interpretada como uma fase passageira, como um período de exame e aperfeiçoamento das *ferramentas* da filosofia, mais do que o conteúdo verdadeiro da filosofia em si. A ideia é que, quando esse trabalho de reaparelhamento tiver sido feito, é dever do filósofo se voltar para sua tarefa mais importante — aquela de esclarecer os conceitos que pertencem a outras disciplinas não filosóficas.

Em primeiro lugar, essa interpretação é a-histórica, pois as questões epistemológicas têm sido sempre centrais ao trabalho filosófico sério, e é difícil ver como isso seria de outra forma. Mais importante, a concepção de Laslett envolve uma reversão da verdadeira ordem de prioridade dentro da filosofia: a discussão epistemológica está representada de forma importante apenas enquanto ela serve a um fim maior, especificamente, para avançar o tratamento de questões das filosofias da ciência, da arte, da filosofia política etc. Quero argumentar, ao contrário, que as filosofias política, da ciência, da arte etc. – que chamarei de disciplinas filosóficas "periféricas" – perdem seu caráter filosófico se não estiverem relacionadas à epistemologia e à metafísica. Mas, antes que eu possa mostrar isso em detalhe, devo antes examinar os fundamentos filosóficos da concepção da filosofia como trabalho inferior.

3. Filosofia e ciência

Essa concepção é, em grande parte, uma reação contra a visão do filósofo como "cientista-mor", de acordo com o qual a filosofia está em competição direta com a ciência e almeja construir ou refutar teorias científicas através de um raciocínio puramente *a priori*. Esta é uma ideia merecidamente ridicularizada; os absurdos aos quais pode levar são amplamente ilustrados nas especulações pseudocientíficas amadoras de Hegel. Sua refutação filosófica foi provida por Hume:

> Assim, se quisermos nos convencer quanto à natureza dessa evidência que nos assegura quanto a questões de fato, devemos investigar como chegamos ao conhecimento de causas e efeitos.
>
> Arrisco-me a afirmar, a título de uma proposta geral que não admite exceções, que o conhecimento dessa relação não é, em nenhum caso, alcançado por meio de raciocínios *a priori*, mas provém inteiramente da experiência, ao descobrirmos que certos objetos particulares acham-se constantemente conjugados uns aos outros. Apresente-se um objeto a um homem dotado das mais poderosas capacidades naturais de raciocínio e percepção – se esse

objeto for algo de inteiramente novo para ele, mesmo o exame mais minucioso de suas qualidades sensíveis não lhe permitirá descobrir quaisquer de suas causas ou efeitos.[2]

Esta é uma afirmação admirável como crítica à pseudociência *a priori*. Mas o argumento também tem sido frequentemente mal aplicado no sentido de atacar a especulação filosófica *a priori*, algo inteiramente legítimo. O argumento segue da seguinte forma: novas descobertas sobre reais questões de fato podem apenas ser estabelecidas através de métodos experimentais; nenhum processo de pensamento puramente *a priori* é suficiente para isso. Mas, uma vez que é a ciência que usa métodos experimentais, enquanto a filosofia é puramente *a priori*, decorre que a investigação da realidade deve ser deixada para a ciência. Por outro lado, a filosofia tem tradicionalmente reivindicado, ao menos em grande parte, que ela consiste na investigação da natureza da realidade. Portanto, segue que a filosofia tradicional estaria tentando fazer algo que seus métodos de investigação nunca poderiam conseguir, e deveriam ser abandonados, ou que estaria equivocada sobre sua própria natureza, e o objeto de suas investigações deveria ser drasticamente reinterpretado.

Mas o argumento que baseia esse dilema é falacioso: ele contém um termo médio não distribuído. A frase "a investigação da natureza da realidade" é ambígua, e mesmo que o argumento de Hume se aplique perfeitamente bem ao que a frase afirma quando é aplicado à investigação *científica*, ele é apenas uma *ignoratio elenchi* quando aplicado à *filosofia*. A diferença entre os objetivos respectivos do cientista e do filósofo

---

2 Hume, *Enquiry Concerning Human Understanding*, Seç.IV, Parte I.

A ideia de uma ciência social e sua relação com a filosofia

deve ser expressa como segue. Enquanto o cientista investiga a natureza, as causas e os efeitos de coisas e processos reais *particulares*, o filósofo dedica-se à natureza da realidade enquanto tal e em geral. Burnet apresenta muito bem esse ponto em seu livro *Greek Philosophy* quando destaca (p. 11-2) que o sentido no qual o filósofo pergunta "O que é real?" envolve o problema da relação do homem com a realidade, que nos leva para além da pura ciência. "Temos que perguntar se a mente do homem pode ter algum contato com a realidade e, se ela puder, que diferença isso fará para sua vida." Mas pensar que essa questão de Burnet poderia ser solucionada através de métodos experimentais envolve exatamente um erro tão sério quanto pensar que a filosofia, com seus métodos de raciocínio *a priori*, poderia competir com a ciência experimental em seu próprio terreno. Pois essa não é absolutamente uma questão empírica, mas uma questão *conceitual*. Ela tem a ver com a *força do conceito* de realidade. Recorrer aos resultados de um experimento demandaria, necessariamente, a importante questão, uma vez que o filósofo seria obrigado a perguntar por qual indício esses mesmos resultados são aceitos como "realidade". Certamente, isso apenas exaspera o cientista experimental — e com razão, do ponto de vista de seus próprios objetivos e interesses. Mas a força da questão filosófica não pode ser apreendida em termos de preconcepções da ciência experimental. Ela não pode ser respondida com generalizações de exemplos particulares, uma vez que uma resposta particular para uma questão filosófica está já implicada na aceitação desses exemplos como "reais".

Toda essa questão foi simbolicamente dramatizada em 1939, quando o professor G. E. Moore proferiu uma conferência na Academia Britânica intitulada "A prova de um mundo exterior". *Grosso modo*, a "prova" de Moore foi a seguinte. Ele levantou cada uma de suas mãos de forma sucessiva, dizendo: "Aqui está uma mão e aqui está a outra; portanto, ao menos dois objetos exteriores existem; portanto um mundo exterior existe". Argumentando dessa maneira, Moore pareceu tratar a questão "Existe um mundo exterior?" da mesma forma que a questão "Existem animais com um só chifre saindo do focinho?". Essa questão seria resolvida de forma conclusiva com a demonstração de dois rinocerontes. Mas o fundamento do argumento de Moore para a questão filosófica sobre a existência de um mundo exterior não é tão simples como o fundamento da demonstração de dois rinocerontes na outra questão. Certamente, isso é devido a que a dúvida filosófica sobre a existência de um mundo exterior abrange tanto as duas mãos que Moore mostrou quanto qualquer outra coisa. A questão completa é: "Objetos, como as duas mãos de Moore, qualificam-se como habitantes de um mundo exterior?". Isso não quer dizer que o argumento de Moore não seja importante; o que está errado é considerá-lo como uma prova experimental, pois ela não tem nada que se encontra em uma disciplina experimental. Moore não estava fazendo um experimento, ele estava *lembrando* sua audiência de algo, lembrando-a da forma na qual a expressão "objeto exterior" é utilizada de fato. E sua lembrança indicava que o problema na filosofia não é provar ou não provar a existência de um mundo de objetos exteriores, mas de *elucidar o conceito* de externalidade. O fato de que há uma conexão entre essa questão e o problema filosófico central sobre a natureza geral da realidade é óbvio, penso eu.

A ideia de uma ciência social e sua relação com a filosofia

4. O interesse do filósofo pela linguagem

Para o momento, basta sobre a relação entre filosofia e ciência. Mas tenho que mostrar por que a rejeição à concepção de cientista-mor para o filósofo não precisa e não deveria conduzir à concepção de trabalhador inferior. Mencionei Moore nos lembrando como certas expressões são de fato usadas, e enfatizei quão importante é a noção de elucidação de um conceito para a filosofia. Essas são formas de falar cuja *prima facie* se adéqua muito bem à concepção de trabalhador inferior. E de fato o que está errado com essa concepção, em geral, não é tanto considerá-la uma doutrina francamente falsa, mas dar-lhe, de forma sistemática, uma ênfase equivocada.

As questões filosóficas, em grande medida, estão relacionadas ao uso correto de certas expressões linguísticas, e a elucidação de um conceito é, em grande medida, o esclarecimento de confusões linguísticas. No entanto, o interesse do filósofo não é o uso correto como tal, e nem todas as confusões linguísticas são igualmente relevantes para a filosofia. Elas são relevantes apenas se a discussão sobre elas é estabelecida para jogar luz à questão sobre como a realidade distante é inteligível[3] e que diferença teria sobre a vida do homem o fato de que ele pode apreender a realidade. Assim, temos que perguntar como as

---

3 Estou consciente de que esta é uma forma algo antiquada de falar. Faço isso no sentido de marcar a diferença entre o interesse do filósofo com a realidade e o interesse do cientista, por exemplo. Aproveito esta ocasião para dizer que devo a afirmação, feita no próximo parágrafo, sobre o tipo de interesse do filósofo pela linguagem, à palestra não publicada de Rush Rhees sobre "Filosofia e arte".

questões de linguagem e que tipos de questão sobre a linguagem provavelmente fundamentam essas questões.

Perguntar se a realidade é inteligível é perguntar sobre a relação entre pensamento e realidade. Ao considerar a natureza do pensamento, somos levados também a considerar a natureza da linguagem. Ligada de forma inseparável à questão de se a realidade é inteligível está, portanto, a questão de como a linguagem está conectada com a realidade, do que é *dizer* alguma coisa. De fato, o interesse do filósofo não reside tanto na solução de confusões linguísticas específicas para seu próprio benefício, quanto na solução de confusões sobre a natureza da linguagem em geral.

Vou elaborar esse ponto de forma polêmica, pela referência ao livro *The Vocabulary of Politics* de T. D. Weldon. Escolho esse livro porque nele Weldon usa sua interpretação do interesse da filosofia pela linguagem para apoiar a concepção das relações entre a filosofia e o estudo da sociedade, a qual diverge fundamentalmente da concepção defendida nesta monografia. A concepção de Weldon está baseada em uma interpretação dos recentes desenvolvimentos da filosofia na Inglaterra. O que ocorreu, ele diz, é que "os filósofos tornaram-se extremamente conscientes da linguagem. Eles passaram a entender que muitos dos problemas que seus predecessores consideravam insuperáveis não emergiram de algo misterioso ou inexplicável no mundo, mas de excentricidades da linguagem com a qual procuramos descrever o mundo".[4] Os problemas da filosofia social e política, portanto, emergem de excentricidades da linguagem com a qual procuramos descrever instituições po-

---

4 Weldon, *The Vocabulary of Politics*, Cap.I.

A ideia de uma ciência social e sua relação com a filosofia

líticas e sociais, mais do que qualquer coisa misteriosa nessas instituições. De acordo com a concepção da filosofia como um trabalhador inferior, que Weldon segue fielmente, ele considera a filosofia como tendo um papel puramente negativo no avanço de nossa compreensão da vida social. Quaisquer avanços positivos em nossa compreensão advêm dos métodos da ciência empírica, e não da filosofia. Não há nenhuma indicação de que essa discussão sobre as questões centrais da metafísica e da epistemologia possam, por si mesmas (como vou defender mais à frente), jogar luz sobre a natureza das sociedades humanas.

De fato, essas questões são afastadas com desdém na própria declaração da posição de Weldon. Assumir, desde o início, que se pode fazer uma distinção clara entre "o mundo" e "a linguagem na qual procuramos descrever o mundo" a ponto de dizermos que os problemas da filosofia não emergem absolutamente do primeiro, mas apenas da segunda, é evitar toda a questão filosófica.

Sem dúvida, Weldon responderia que essa questão já foi solucionada em um sentido favorável à sua posição por aqueles filósofos que contribuíram para o desenvolvimento do que ele está falando. Mas mesmo que minimizemos o importante fato de que as questões filosóficas nunca podem ser resolvidas dessa maneira, que os resultados da indagação filosófica de outros não podem ser assumidos no próprio trabalho filosófico da forma como podem ser estabelecidas as teorias científicas — mesmo que, repito, minimizemos isso, o trabalho de Wittgenstein, que trouxe a mais destacada contribuição para o desenvolvimento filosófico em questão, é mal interpretado se o tomarmos como base para a forma de falar de Weldon. Isso

45

é suficientemente óbvio com relação ao *Tractatus Logico-Philosophicus* de Wittgenstein, como podemos ver nestas duas citações representativas. "Dar a essência da proposição significa dar a essência de toda descrição, portanto, a essência do mundo."[5] "Que o mundo é *meu* mundo mostra-se pelo fato de que os limites da minha linguagem (da única linguagem que posso entender) significam os limites do *meu* mundo."[6]

É verdade que essas ideias no *Tractatus* estão conectadas a uma teoria da linguagem que Wittgenstein depois rejeitou e que Weldon também rejeitou. Mas os métodos da argumentação de Wittgenstein nas últimas *Investigações filosóficas* são igualmente incompatíveis com qualquer distinção fácil entre o mundo e a linguagem. Isso aparece claramente no tratamento que dá ao conceito de ver um objeto *como* algo: por exemplo, ver a gravura de uma flecha voando. A seguinte passagem é característica de toda abordagem de Wittgenstein:

> Em um triângulo, posso ver *isto* como vértice, *aquilo* como base — agora *isto* como vértice, *aquilo* como base. — Claramente as palavras "Eu posso ver agora isso como o vértice" não podem significar nada para quem está aprendendo e apenas conheceu os conceitos de vértice, base e assim por diante. — Mas não considero isto uma proposição empírica.
>
> "Agora ele está vendo isso como *isto*", "agora como *aquilo*" seria apenas dito para alguém *capaz de* fazer certas aplicações da figura de forma bastante livre.
>
> O substrato dessa experiência é o domínio da técnica.

---

5 Wittgenstein, *Tractatus Logico-Philosophicus*, 5.4711.
6 Ibid., 5.62.

A ideia de uma ciência social e sua relação com a filosofia

Mas que estranho isso ser a condição lógica de alguém tendo tal e tal *experiência!* Afinal, você não diz que alguém apenas "tem dor de dente" se for capaz de fazer isso e aquilo. Disso decorre que não podemos lidar aqui com o mesmo conceito de experiência. É um conceito diferente, embora relacionado.

Apenas se alguém *puder fazer*, aprendeu a fazer, tiver domínio sobre isso e aquilo, faz sentido dizer que ele teve *essa* experiência.

E se isto parece absurdo, é preciso refletir que o *conceito* de ver está modificado aqui. (Uma consideração similar é com frequência necessária para livrar-se de um sentimento de vertigem em matemática.)

Nós falamos, pronunciamos palavras, e apenas *depois* temos uma imagem da sua vida.[7]

Portanto, não podemos dizer com Weldon que os problemas da filosofia emergem da linguagem, *em vez* de emergir do mundo, pois, ao discutir filosoficamente a linguagem, estamos, de fato, discutindo *o que conta como pertencente ao mundo*. Nossa ideia do que pertence ao domínio da realidade está dado para nós na linguagem que usamos. Os conceitos que temos definem a forma da experiência que temos do mundo. Pode ser que valha nos lembrarmos do truísmo de que, quando falamos do mundo, estamos falando do que queremos dizer, de fato, com a expressão "o mundo": não há forma de escaparmos dos conceitos nos termos pelos quais pensamos o mundo, que é o que Weldon está tentando fazer em suas afirmações sobre a natureza dos problemas filosóficos. O mundo *é* para nós o que é apresentado por esses conceitos. Isso não quer dizer que

---

7 Idem, *Philosophical Investigations*, II, xi.

nossos conceitos não possam mudar; mas, quando mudam, isso significa que nosso conceito de mundo também mudou.

5. Investigações conceituais e empíricas

Essa incompreensão da forma pela qual os tratamentos filosóficos de confusões linguísticas são também elucidações da natureza da realidade leva a inadequações nos métodos efetivos usados para tratar tais questões. Empiricistas como Weldon sistematicamente subestimam a extensão do que pode ser dito *a priori*: para eles, todas as afirmações sobre a realidade devem ser empíricas ou são infundadas, e afirmações *a priori* são "sobre o uso linguístico" e não "sobre a realidade". Mas se a integridade da ciência está ameaçada pela superestimação do *a priori*, contra o que Hume legitimamente lutou, não é menos verdade que a filosofia é mutilada pela sua subestimação ao confundir investigações conceituais sobre aquilo que faz sentido dizer com investigações empíricas que devem esperar a experiência para sua solução.

A incompreensão está bem ilustrada na seguinte passagem do próprio Hume. Ele discute a extensão e a natureza do nosso conhecimento sobre o que acontecerá no futuro, e argumenta que nada no futuro pode ser logicamente garantido para nós pelo nosso conhecimento e pela observação do que ocorreu no passado.

É fútil alegar que conhecemos a natureza dos corpos com base na experiência passada; sua natureza secreta e, consequentemente, todos seus efeitos e influências podem modificar-se sem que suas qualidades sensíveis alterem-se minimamente. Isso ocorre algu-

A ideia de uma ciência social e sua relação com a filosofia

mas vezes, e com relação a alguns objetos; por que não poderia ocorrer sempre e com relação a todos? Qual lógica, qual sequência de argumentos nos garante contra essa suposição?[8]

Hume assume aqui que, uma vez que uma afirmação sobre o comportamento uniforme de *alguns* objetos é uma questão empírica direta, que pode ser a qualquer momento perturbada por uma experiência futura, o mesmo deve ser verdade sobre uma afirmação sobre o comportamento de todos os objetos. Essa suposição é muito convincente e isso deriva de uma saudável indisposição para admitir que qualquer um pode legislar *a priori* com relação ao curso da experiência futura, baseado em considerações puramente lógicas. E certamente não podemos, então, legislar contra o colapso da ordem regular da natureza, o que tornaria o trabalho científico impossível, destruiria o discurso, o pensamento e até a vida. Mas nós podemos e devemos legislar *a priori* contra a possibilidade de *descrever* tal situação nos termos que Hume procura utilizar: ou seja, nos termos das propriedades dos objetos, suas causas e seus efeitos. Pois, no caso de um colapso da ordem da natureza desse tipo, esses termos não seriam mais aplicáveis. Uma vez que podem ocorrer variações menores, ou mesmo maiores, *dentro* de tal ordem, sem que nosso aparato conceitual global seja alterado, disso não segue que possamos utilizar nosso aparato existente (e qual outro utilizaríamos?) para descrever o colapso na ordem da natureza como um todo.

Isso não é um mero jogo de palavras, pois o propósito filosófico global das investigações como as de Hume é esclarecer

---

8 Hume, *Enquiry Concerning Human Understanding*, Seç.IV, Parte II.

aqueles conceitos que são fundamentais para nossa concepção de realidade, como *objeto, propriedade de um objeto, causa e efeito*. Destacar que o uso de tais noções necessariamente pressupõe a verdade contínua da *maior parte* das nossas generalizações sobre o comportamento do mundo em que vivemos é uma iniciativa da maior importância.

A importância desse ponto para a filosofia das ciências sociais será mostrada mais à frente. Vou argumentar, por exemplo, que muitos dos mais importantes pontos teóricos que têm emergido nesses estudos pertencem à filosofia e não à ciência, e são, portanto, resolvidos por uma análise conceitual *a priori*, e não pela pesquisa empírica. Por exemplo, a questão sobre o que constitui o comportamento social é uma demanda por uma elucidação do *conceito* de comportamento social. Lidando com questões desse tipo, não haveria a questão de "esperar para ver" o que a pesquisa empírica vai nos mostrar; é uma questão de delinear as implicações dos conceitos que usamos.

6. O papel central da epistemologia na filosofia

Posso agora oferecer uma visão alternativa da forma pela qual os problemas da epistemologia e da metafísica são relacionados aos problemas do que chamei disciplinas filosóficas periféricas. Tudo o que eu disse até agora foi baseado na suposição de que o que é realmente fundamental para a filosofia é a questão concernente à natureza e à inteligibilidade da realidade. É fácil ver que essa questão deve levar em consideração, em primeiro lugar, o que entendemos por "inteligibilidade". O que é compreender alguma coisa, apreender o sentido de algo? Se olharmos para os contextos em que as noções de compreensão,

A ideia de uma ciência social e sua relação com a filosofia

de tornar alguma coisa inteligível são utilizados, encontramos que eles diferem amplamente entre si. Além disso, se esses contextos são examinados e comparados, logo se torna evidente que a noção de inteligibilidade é sistematicamente ambígua (no sentido da frase do professor Ryle) quando utilizada nesses contextos, ou seja, seu sentido varia sistematicamente de acordo com o contexto específico no qual está sendo usada.

O cientista, por exemplo, tenta tornar o mundo mais inteligível, mas também o faz isso o historiador, o profeta religioso e o artista, assim como o filósofo. E embora possamos descrever as atividades de todos esses tipos de pensadores nos termos dos conceitos de compreensão e inteligibilidade, é claro que, de muitas formas importantes, os objetivos de cada um deles difere dos de cada um dos demais. Por exemplo, já procurei dar, na Seção 3, algumas explicações das diferenças entre os tipos de "compreensão da realidade" buscadas pelo filósofo e pelo cientista.

Disso não segue que estamos apenas jogando com palavras quando falamos das atividades de todos esses investigadores nos termos da noção de tornar as coisas inteligíveis. O mesmo ocorre com relação à palavra "jogo", quando Wittgenstein nos mostra que não há um conjunto de propriedades comuns e peculiares a todas as atividades corretamente chamadas de jogo.[9] Há muito sentido em dizer que a ciência, a arte, a religião e a filosofia têm interesse em tornar as coisas inteligíveis, tanto quanto em dizer que o futebol, o jogo de xadrez, o jogo de paciência e pular corda são todos jogos. Mas, assim como seria tolice dizer que todas essas atividades são partes de um

---

9 Cf. Wittgenstein, *Philosophical Investigations*, I, 66-71.

Peter Winch

superjogo, se fôssemos suficientemente espertos para aprender a jogá-lo, também é tolice supor que os resultados dessas outras atividades deveriam se somar em uma grande teoria da realidade (como alguns filósofos imaginaram: com o corolário de que é seu trabalho descobri-la).

Segundo minha visão, portanto, a filosofia da ciência terá interesse no tipo de compreensão buscada e transmitida pelo cientista; a filosofia da religião terá interesse na forma pela qual a religião busca apresentar uma imagem inteligível do mundo, e assim por diante. E, certamente, essas atividades e seus objetivos serão mutuamente comparados e contrastados. O propósito de tais investigações filosóficas será contribuir para nossa compreensão do que está envolvido no conceito de inteligibilidade, de forma a compreender melhor o que significa chamar a realidade de inteligível. É importante para minhas proposições observar quão diferente é isto da concepção do trabalhador inferior. Em específico, a filosofia da ciência (ou de qualquer outro tipo de investigação em pauta) é apresentada aqui como autônoma, e não uma parasita da ciência, no que concerne à origem de seus problemas. A força motriz da filosofia da ciência vem de dentro da filosofia e não de dentro da ciência. E seu objetivo não é meramente negativo, de remover obstáculos do caminho para a obtenção de mais conhecimento científico, mas um objetivo positivo de incrementar a compreensão filosófica do que está envolvido no conceito de inteligibilidade. A diferença entre essas concepções é mais do que uma diferença verbal.

À primeira vista deve parecer que não foi deixado espaço para a metafísica e para a epistemologia. Pois, se o conceito de inteligibilidade – e, devo adicionar, igualmente o conceito de reali-

A ideia de uma ciência social e sua relação com a filosofia

dade — são sistematicamente ambíguos segundo as diferentes disciplinas intelectuais, a tarefa filosófica de dar conta dessas noções não se desintegra em filosofias das várias disciplinas em questão? A ideia de um estudo *especial* da epistemologia não reside em uma falsa ideia de que todas as variedades da noção de inteligibilidade podem ser reduzidas a um único conjunto de critérios?

Essa é uma falsa conclusão a tirar, embora ela forneça um alerta salutar contra esperar da epistemologia a formulação de um conjunto de *critérios* de inteligibilidade. Sua tarefa será, antes, a de descrever as condições que devem ser satisfeitas, se é que deve *haver* algum critério de compreensão.

7. A epistemologia e a compreensão da sociedade

Eu gostaria aqui de dar uma indicação preliminar de como se espera que esse empreendimento epistemológico tenha relação com nossa compreensão da vida social. Vamos considerar novamente a formulação de Burnet sobre a principal questão da filosofia. Ele indaga que diferença faria para a vida do homem se sua mente pudesse ter contato com a realidade. Vamos, inicialmente, interpretar essa questão da maneira mais superficialmente óbvia: é claro que os homens decidem como devem se comportar com base em sua visão de qual é o caso no mundo à sua volta. Por exemplo, um homem que deve tomar um trem logo cedo pela manhã definirá o alarme de seu relógio de acordo com sua crença sobre a hora na qual o trem deverá partir. Se alguém está inclinado a objetar esse exemplo com base em sua trivialidade, deixe-o refletir sobre a diferença que ocorre para a vida humana pelo fato de que há coisas como alarmes de relógio e trens que seguem o horário, e métodos de determinação da verdade das afirmações sobre os horários dos trens, e assim por diante. O interesse da filosofia aqui está na questão: o que está envolvido em "ter conhecimento" de fatos como esses, e o que é a natureza geral do comportamento que é decidido de acordo com tal conhecimento?

A natureza dessa questão ficará talvez mais clara se for comparada com outra questão relacionada à importância na vida humana de conhecer o mundo tal como ele realmente é. Penso na questão moral que tanto esteve presente em Ibsen em peças como *O pato selvagem* e *Fantasmas*: até onde é importante para a vida de um homem que ele deva viver com clara consciência sobre os fatos relativos à sua situação e às suas relações com aqueles no seu entorno? Em *Fantasmas*, essa questão está apresentada considerando um homem cuja vida está arruinada pela sua ignorância da verdade sobre sua hereditariedade. A peça *O pato selvagem* inicia na direção oposta: um homem que vive uma vida perfeitamente feliz, a qual, entretanto, está baseada em uma completa incompreensão da atitude para com ele daqueles que ele conhece; ele deveria ser desiludido e ter sua felicidade rompida no interesse da verdade? É necessário observar que nossa compreensão de ambas as questões depende de nosso reconhecimento da importância *prima facie* da compreensão da situação em que cada um vive sua vida. A questão em *O pato selvagem* não é se isso é importante, mas se isso é ou não *mais* importante que ser feliz.

Assim, o interesse do epistemólogo em tais situações será colocar luz sobre *por que* tal compreensão deveria ter essa importância na vida de um homem, mostrando o que está envolvido em tê-la. Para usar uma frase kantiana, seu interesse estará

A ideia de uma ciência social e sua relação com a filosofia

na questão: como tal compreensão (ou, de fato, qualquer compreensão) é possível? Para responder essa questão é necessário mostrar o papel central que o conceito de entendimento possui nas atividades que caracterizam as sociedades humanas. Nessa direção, a discussão sobre em que uma compreensão da realidade consiste combina-se à discussão sobre a diferença esperada que a posse de tal entendimento deve fazer para a vida de um homem; e isso novamente envolve uma consideração da natureza geral da sociedade humana, isto é, uma análise do conceito de sociedade humana.

As relações sociais de um homem com seus amigos estão permeadas por suas ideias sobre a realidade. De fato, "permeadas" não é um termo suficientemente forte: relações sociais são expressões de ideias sobre a realidade. Nas situações de Ibsen às quais eu me referi, por exemplo, seria impossível delinear as atitudes do personagem para as pessoas no seu entorno, exceto nos termos de suas ideias sobre o que elas pensam sobre ele, o que elas fizeram no passado, o que elas provavelmente farão no futuro, e assim por diante; por sua vez, em *Fantasmas*, as suas ideias sobre como ele está biologicamente relacionado a elas. Ou, ainda, um monge tem certas relações sociais características com seus amigos monges e com pessoas externas ao mosteiro; mas seria impossível dar mais que uma explicação superficial sobre essas relações sem levar em conta as ideias religiosas em torno das quais gira a vida do monge.

Nesse ponto, torna-se mais claro como a linha da abordagem que defendi entra em conflito com as concepções amplamente aceitas pela sociologia e os estudos sociais em geral. Ela entra em conflito, por exemplo, com a visão de Émile Durkheim:

Considero extremamente profícua essa ideia de que a vida social deveria ser explicada não pelas noções daqueles que participam dela, mas pelas mais profundas causas que não são percebidas pela consciência, e acho também que essas causas devem ser procuradas, sobretudo, na maneira pela qual os indivíduos associados são agrupados. Apenas dessa maneira, parece, a história pode se tornar uma ciência e a própria sociologia existir.[10]

Ela também entra em conflito com a concepção de Von Wiese sobre a tarefa da sociologia como sendo a de dar uma explicação da vida social "desprezando os fins culturais dos indivíduos na sociedade, a fim de estudar as influências que exercem entre si como resultado da vida em comunidade".[11]

A questão central aqui, certamente, é até que ponto pode se dar sentido à ideia de Durkheim quanto "à maneira segundo a qual os indivíduos associados são agrupados" *separada* das "noções" de tais indivíduos; ou até que ponto faz sentido falar de indivíduos exercendo influência que exercem entre si (na concepção de Von Wiese) abstraindo-se de tais "fins culturais" dos indivíduos. Tentarei lidar explicitamente com essas questões centrais posteriormente na minha argumentação. Para o momento, apenas desejo destacar que posições como essas entram em conflito com a filosofia concebida como uma investigação da natureza do conhecimento humano da realidade e da diferença que faz a possibilidade de tal conhecimento para a vida humana.

---

10 Ver a crítica de Durkheim a A. Labriola em Essais sur la conception matérialiste de l'histoire, *Revue Philosophique*, v.XLIV, dez. 1897.

11 Ver Aron, *German Sociology*, p.8.

A ideia de uma ciência social e sua relação com a filosofia

8. Regras: a análise de Wittgenstein

Devo agora buscar apresentar um quadro mais detalhado da forma na qual a discussão epistemológica da realidade joga luz sobre a natureza da sociedade humana e das relações sociais entre os homens. Para esse fim, proponho fazer uma consideração sobre a luz que foi lançada sobre a questão epistemológica pela discussão do conceito de Wittgenstein de *seguir a regra*, nas *Investigações filosóficas*.

Burnet falou do "contato" da mente com a realidade. Vamos tomar um caso óbvio *prima facie* de tal contato e considerar o que está envolvido nele. Suponha que estou pensando em que ano o Everest foi escalado pela primeira vez; então, penso comigo: "O Monte Everest foi escalado em 1953". O que desejo perguntar aqui é o que se quer dizer quando se diz que estou "pensando sobre o Monte Everest?". Como meu pensamento se relaciona à coisa denominada Monte Everest sobre a qual estou pensando? Vamos aprofundar a questão mais ainda. No sentido de retirar as complicações sobre a função das imagens mentais em tais situações, vou supor que expresso meu pensamento explicitamente em palavras. A questão apropriada então torna-se: o que ocorre com a emissão das palavras "Monte Everest" que torna possível dizer que, através dessas palavras, eu *me refiro* a um certo pico no Himalaia. Introduzi o assunto nessa via mais ou menos circular no sentido de destacar a conexão entre a questão sobre a natureza do "contato" que a mente tem com a realidade e a questão sobre a natureza do significado. Escolhi como exemplo uma palavra sendo usada para significar alguma coisa, um caso em que a palavra em questão está sen-

Peter Winch

do usada para se *referir* a alguma coisa, não porque eu confira alguma prioridade especial lógica ou metafísica a esse tipo de significado, mas apenas porque, nesse caso, a conexão entre a questão sobre a natureza do significado e aquela sobre a relação entre pensamento e realidade é particularmente marcante.

Uma primeira resposta a dar é que sou capaz de me referir ao que digo através das palavras "Monte Everest" porque elas foram definidas para mim. Há todos os tipos de maneiras nas quais isso pode ter sido feito: posso ter visto o Monte Everest em um mapa, posso ter sido informado de que ele é o mais alto pico no mundo, ou posso ter voado de avião sobre o Himalaia e ele me foi mostrado. Para eliminar mais complicações, vamos fazer uma última suposição, qual seja, para usar a terminologia técnica da lógica, vamos nos concentrar no caso da definição *ostensiva*.

A posição então é essa. O Everest foi apresentado a mim; foi dito que seu nome é "Everest", e, em virtude dessas ações no passado, agora sou capaz de *dar significado*, através das palavras "Monte Everest", àquele pico no Himalaia. Até agora tudo bem. Mas agora temos que fazer a seguinte questão: qual é a conexão entre aqueles atos no passado e minha emissão das palavras "Monte Everest" agora, que agora dá à minha emissão de palavras o significado que tem? Como, em geral, uma definição é conectada com o uso subsequente da expressão definida? O que é "seguir" uma definição? Novamente, há uma resposta superficialmente óbvia para isso: a definição estabelece o significado, e usar a palavra em seu correto significado é usá-la da mesma forma que foi estabelecida pela definição. E em certo sentido, obviamente, aquela resposta é perfeitamente

A ideia de uma ciência social e sua relação com a filosofia

correta e irrepreensível; seu único defeito é que não remove a perplexidade filosófica. Assim, o que é usar a palavra *da mesma maneira* em que está estabelecida na definição? Como decido se um dado uso proposto é o mesmo ou diferente daquele estabelecido na definição?

Essa não é uma questão meramente inútil, como pode ser observado na consideração seguinte. Até onde vão as aparências externas imediatas, a definição ostensiva simplesmente consistiu em um gesto e um som emitido enquanto sobrevoávamos o Himalaia. Mas suponhamos que, com esse gesto, meu professor estivesse definindo a palavra "montanha" para mim, mais do que "Everest", como deve ter sido o caso, digamos, se eu estivesse aprendendo a língua inglesa? Nesse caso também, minha apreensão do significado correto da palavra "montanha" seria manifestada no meu uso contínuo dela, tal como estabelecido na definição. No entanto, o uso correto da palavra "montanha" certamente não é igual ao uso correto da palavra "Everest"! Assim, aparentemente, a palavra "mesmo" nos apresenta um outro exemplo de ambiguidade sistemática: não sabemos se duas coisas devem ser ou não observadas como iguais, a menos que o contexto em que a questão emerge nos diga. Embora possamos ser tentados a pensar de outra forma, não há sentido imutável absoluto para as palavras "o mesmo".

Mas *o mesmo* não é, ao menos, o mesmo?

Parece que temos um paradigma infalível de identidade na identidade da coisa em si. Tenho vontade de dizer: "Aqui, em qualquer caso não pode haver variedade de interpretações. Se você está vendo uma coisa, você também está vendo identidade".

Então duas coisas são o mesmo quando são o que uma coisa é? E como devo aplicar o que *uma* coisa me mostra no caso de duas coisas?[12]

Eu disse que a interpretação particular colocada sobre as palavras "o mesmo" depende do contexto no qual a questão emerge. Isso pode ser expresso de forma mais precisa. É apenas nos termos de uma dada *regra* que podemos atribuir um sentido específico às palavras "o mesmo". Nos termos da regra que regula o uso da palavra "montanha", um homem que a usa para se referir ao Monte Everest em uma ocasião e ao Mont Blanc em outra, está usando-a da mesma forma em cada vez. Mas alguém que se refere ao Mont Blanc como "Everest" não seria considerado como usando a palavra da mesma forma que alguém que a usou para referir-se ao Monte Everest. Então, a questão: o que é para uma palavra ter um significado? conduz a esta outra questão: o que é para alguém seguir uma regra?

Vamos uma vez mais começar considerando a resposta óbvia. Deveríamos dizer: alguém está seguindo uma regra se sempre age da mesma forma no mesmo tipo de ocasião. Mas isso, novamente, embora correto, não avança o ponto, uma vez que, como vimos, é apenas nos termos de uma dada regra que a palavra "mesmo" adquire sentido definitivo. "O uso da palavra 'regra' e o uso da palavra 'mesmo' são entrelaçados. (Como o são os usos de 'proposição' e o uso de 'verdadeiro')."[13] Assim, o problema se torna: como dar sentido à palavra "mesmo"?, ou,

---

12 Wittgenstein, *Philosophical Investigations*, I, 215.
13 Ibid.

A ideia de uma ciência social e sua relação com a filosofia

em quais circunstâncias faz sentido dizer sobre alguém que ele está seguindo uma regra naquilo que está fazendo?

Suponhamos que a palavra acabou de ser ostensivamente definida para mim. Pode-se pensar que eu poderia resolver desde o início o que deve ser considerado o uso correto dessa palavra no futuro, tomando uma decisão consciente sobre o efeito: "Vou usar essa palavra apenas para me referir a *esta* montanha". E isso, certamente, no contexto da linguagem que todos nós falamos e entendemos, é perfeitamente inteligível. Mas, exatamente porque isso pressupõe a instituição estabelecida da linguagem que todos nós falamos e entendemos, isto não põe luz na dificuldade filosófica. Obviamente, não nos é permitido pressupor aquilo cuja própria possibilidade nós estamos investigando. É exatamente tão difícil dar qualquer explicação sobre o que se entende por "agir segundo minha decisão", quanto explicar o que era, no primeiro lugar, "agir segundo a definição ostensiva". Em que pese eu, enfaticamente, apontar essa montanha aqui diante de mim, e em que pese enfaticamente eu proferir as palavras "esta montanha", minha decisão ainda deve ser *aplicada* no futuro, e isso é precisamente o que está envolvido em tal aplicação, que está em questão aqui. Portanto, nenhuma *fórmula* ajudará a resolver esse problema: devemos sempre chegar a um ponto no qual devemos explicar a aplicação da fórmula.

Qual é a diferença entre alguém que está realmente aplicando a regra naquilo que faz e alguém que não está? Uma dificuldade aqui é que qualquer série de ações que seja possível a um homem desempenhar pode ser colocada no escopo de uma ou outra fórmula se estivermos preparados para fazer isso de forma suficientemente complicada. Contudo, o fato de que as ações de um homem *possam* ser interpretadas como uma aplicação de determinada fórmula não é garantia em si de que ele, de fato, esteja aplicando aquela fórmula. Qual é a diferença entre esses casos?

Imaginemos um homem — vamos chamá-lo *A* — escrevendo os seguintes números no quadro negro: 1 3 5 7. *A* então pergunta a seu amigo *B* como a série deveria ser continuada. Quase todos nessa situação, se não houver motivos para suspeitar, responderiam: 9 11 13 15. Vamos supor que *A* recuse aceitar esta como a continuação da série, dizendo que ela segue da seguinte forma: 1 3 5 7 1 3 5 7 9 11 3 15 9 11 13 15. Então ele pede para *B* continuar. Nesse ponto, *B* tem uma variedade de alternativas para escolher. Vamos supor que ele faça a escolha e que *A* novamente recuse aceitá-la, mas apresente outra continuação de sua própria invenção. E vamos supor que isso continue por algum tempo. Sem dúvida, chegaria um ponto em que *B*, com toda razão, diria que *A* não estava absolutamente seguindo uma regra *matemática*, mesmo que todas as continuações que ele tivesse feito com números *pudessem* ser colocadas dentro do escopo de alguma fórmula. Certamente *A* estava seguindo uma regra, mas essa regra era: sempre colocar uma continuação diferente daquela sugerida por *B* a cada etapa. E embora essa seja perfeitamente uma boa regra, ela não pertence à aritmética.

A reação de *B* e o fato de que ela seria bem justificada, particularmente se muitos outros indivíduos fossem levados ao jogo e se *A* sempre se recusasse a aceitar as continuações sugeridas como corretas — tudo isso sugere um aspecto importante do conceito de seguir uma regra. Isso sugere que se deve levar em conta não apenas as ações da pessoa cujo comportamento está em questão, como um candidato para a categoria de seguidor de regra, mas também as *reações de outras pessoas* sobre o que

A ideia de uma ciência social e sua relação com a filosofia

ele faz. Mais especificamente, é apenas na situação na qual faz sentido supor que alguém mais possa, em princípio, descobrir a regra que estou seguindo, que é possível, de forma clara, dizer que sigo inteiramente uma regra.

Vamos considerar isso mais detalhadamente. É importante lembrar que, quando *A* escreveu: 1 3 5 7, *B* (representando qualquer um que tenha aprendido aritmética básica) continuou a série escrevendo: 9 11 13 15 etc., *como algo natural*. O fato de que eu tenha sido capaz de escrever "etc." após aqueles números e que possa estar confiante de ter sido entendido de uma maneira e não por outra por virtualmente todos os meus leitores é, em si, uma demonstração do mesmo ponto. "A regra pode apenas me parecer que produz suas consequências antecipadamente se eu as delineio *como algo natural*. Assim como é para mim algo natural chamar essa cor de 'azul'."[14] Deveria ser entendido que essas considerações não estão limitadas ao caso da fórmula matemática, mas aplicam-se a todos os casos que seguem regras. Elas se aplicam, por exemplo, ao uso de palavras como "Everest" e "montanha": dado um certo tipo de treino, todos continuam, como algo natural, a usar essas palavras da mesma forma que todos os outros.

É isso que torna possível para nós vincularmos um sentido à expressão "o mesmo" em um dado contexto. É extremamente importante observar aqui que ir por um caminho e não outro como algo natural não deve ser apenas uma peculiaridade da pessoa cujo comportamento reivindica ser um caso de seguir regra. Seu comportamento pertence àquela categoria apenas se for possível para alguém apreender o que ele está fazendo,

---

14 Ibid., I, 238.

sendo levado para o sentido de si mesmo indo naquele caminho como algo natural.

Imagine alguém usando uma linha como regra da seguinte forma: ele toma um compasso e leva uma de suas pontas ao longo da linha que é a "regra", enquanto com a outra desenha a linha que segue a regra. E, enquanto move o compasso ao longo da linha, ele altera a abertura do compasso, aparentemente com grande precisão, observando a regra todo o tempo, como se isso determinasse o que ele fazia. E ao observá-lo, não vemos nenhum tipo de regularidade nessa abertura e fechamento do compasso. Não podemos aprender sua forma de seguir a linha a partir disso. Aqui talvez alguém realmente dissesse: "O original parece *intimá-lo* sobre qual caminho deve ir. Mas isso não é uma regra".[15]

Por que isso não é uma regra? Porque a noção de seguir uma regra é logicamente inseparável da noção de *errar*. Se é possível dizer que alguém está seguindo uma regra, isso significa que podemos perguntar se o que ele está fazendo ele faz de forma correta ou não. De outra forma, não há base no seu comportamento no qual a noção de regra possa ter apoio; não há então *sentido* em descrever seu comportamento dessa forma, uma vez que tudo que ele faz é tão bom quanto qualquer outra coisa que poderia fazer, ao passo que o ponto do conceito de uma regra é que ela nos permite *avaliar* o que está sendo feito.

Vamos considerar o que está envolvido em errar (o que inclui, certamente, uma consideração sobre o que está envolvido em fazer algo corretamente). Um erro é uma contravenção do

---

15 Ibid., I, 237.

A ideia de uma ciência social e sua relação com a filosofia

que está *estabelecido* como correto; dessa forma, ele deve ser *reconhecível* como uma contravenção. Ou seja, se eu erro, digamos, no uso de uma palavra, outras pessoas devem ser capazes de apontá-lo para mim. Se isso não for assim, eu posso fazer o que quiser e não haverá controles externos sobre o que faço; ou seja, nada está estabelecido. Estabelecer um padrão não é uma atividade que faça sentido atribuir a qualquer indivíduo em completo isolamento de outros indivíduos. Pois é o contato com outros indivíduos que faz possível o controle externo das ações de alguém, o que é inseparável de um padrão estabelecido.

Aqui deve ser feita uma qualificação para evitar um possível mal-entendido. Certamente, é possível dentro de uma sociedade humana como a conhecemos, com sua linguagem estabelecida e instituições, um indivíduo aderir a uma regra *privada* de conduta. O que Wittgenstein insiste, entretanto, é, em primeiro lugar, que deve em princípio ser possível para outras pessoas apreender aquela regra e julgar quando ela está sendo seguida corretamente; em segundo lugar, não faz sentido supor que qualquer um seja capaz de estabelecer um padrão puramente pessoal de comportamento *se* ele nunca teve qualquer experiência de sociedade humana com suas regras socialmente estabelecidas. Nessa parte da filosofia, estamos preocupados com o *conceito geral* de seguir uma regra; sendo assim, ao explicar o que está envolvido nesse conceito, não se tem liberdade de tomar como certa uma situação na qual aquele conceito já está pressuposto.

9. Alguns equívocos a respeito de Wittgenstein

A necessidade de as regras terem um contexto social é particularmente importante em conexão com o problema filosófico sobre a natureza das sensações. Pois isso implica que a linguagem na qual falamos sobre nossas sensações deve ser governada por critérios publicamente acessíveis; os critérios não podem fundar-se em algo essencialmente privado para um dado indivíduo, como muitos filósofos haviam suposto. A discussão de Wittgenstein nas *Investigações filosóficas* é estreitamente ligada a esse problema especial. Mas, como P. F. Strawson destaca, os argumentos de Wittgenstein são igualmente aplicados contra a ideia de *qualquer* linguagem que não seja, em alguma medida, baseada na vida comum de que muitos indivíduos participam. Strawson considera esse fato uma objeção à posição de Wittgenstein de, como ele alega, excluir como inconcebível algo que podemos de fato conceber perfeitamente bem. Ele argumenta que podemos bem imaginar, como uma possibilidade lógica, um habitante de uma ilha deserta que nunca foi levado a uma sociedade humana inventando uma linguagem para seu uso próprio. Podemos, também, diz ele, imaginar a introdução de um observador (B) do usuário dessa linguagem que

> observa uma correlação entre o uso de suas palavras e sentenças e as ações de quem fala essa linguagem e o ambiente... o observador B é então capaz de formar hipóteses sobre os significados (o uso regular) das palavras da língua do observado. Com o tempo, o observador pode tornar-se capaz de falar essa língua: então, a prática de cada um serve como um controle sobre a prática do outro. Mas deveríamos dizer que, antes que esse feliz resultado ocorresse (antes que o uso da língua se torne uma "forma de vida" *compartilhada*), as palavras da língua não têm significado, não têm uso?[16]

16 Strawson, Critical Notice, *Mind*, v.LXIII, n.249, p.85, 1954.

A ideia de uma ciência social e sua relação com a filosofia

Para Strawson, dizer tal coisa parece um absurdo evidente em si mesmo. A persuasão de sua posição reside no fato de que ele parece ter tido sucesso em dar uma descrição coerente a uma situação que, segundo os princípios de Wittgenstein, deveria ser indescritível porque é inconcebível. Mas isto é apenas aparência: de fato, Strawson assumiu como verdadeira toda a questão. Sua descrição está enfraquecida desde o início como uma contribuição para o problema em discussão ao conter termos dos quais exatamente a aplicabilidade está em questão: termos como "linguagem", "uso", "palavras", "sentenças", "significado" – e tudo sem o benefício das aspas. Dizer que o observador B pode "formar hipóteses sobre os significados (o uso regular) das palavras da língua do observado" não tem sentido, a não ser que se possa falar do que esse observado está fazendo nos termos dos conceitos de significado, língua, uso etc. Do fato de que podemos observá-lo indo por meio de certos movimentos e emitindo certos sons – os quais, se fossem feitos por outro alguém em outro contexto, aquele da sociedade humana, seria bastante legítimo descrever naqueles termos, não decorre que *suas* atividades são descritíveis de forma legítima. E o fato de que B pode correlacionar as práticas de seu observado com suas próprias não fundamenta o ponto de Strawson; toda a substância do argumento de Wittgenstein é que não são essas práticas consideradas em si mesmas, que justificam a aplicação das categorias como linguagem e significado, mas o *contexto* social em que essas práticas são realizadas. Strawson nada diz para contrapor esses argumentos.

Esse ponto é bem levantado por Norman Malcolm. Como ele diz, o "usuário da lingua" de Strawson deve emitir um som a cada vez que uma vaca aparece; mas o que precisamos perguntar é o que faz desse som uma *palavra* e o que a torna a palavra para *vaca*. Um papagaio poderia executar os mesmos movimentos e nós ainda não diríamos que ele estaria falando (com compreensão). "É como se Strawson pensasse: Não há dificuldade sobre isso; o homem apenas *faz* que o signo refira-se a uma sensação" (ou, nesse sentido, apenas *faz* o som referir-se a uma vaca).[17] Mas isso levanta todas as dificuldades discutidas na última seção; é precisamente a natureza da conexão entre uma definição inicial e o uso subsequente de um som que está em questão.

A. J. Ayer faz objeções muito similares à posição de Wittgenstein. Assim como Strawson, ele está inclinado a descrever as atividades de seu hipotético "não socializado" Crusoé em termos que derivam seu sentido de um contexto social. Vamos considerar, por exemplo, o seguinte trecho:

> Ele (ou seja, "Crusoé") pode pensar que aquele pássaro que ele vê voando é um pássaro do mesmo tipo de outro ao qual deu nome previamente, quando de fato é um de tipo muito diferente, suficientemente diferente para que ele lhe desse um nome diferente se tivesse observado mais de perto.[18]

Isso certamente pressupõe que faz sentido falar em "nomear" em tal contexto; e todas as dificuldades sobre o sentido que queremos vincular à noção do que é *o mesmo* emergem de

---

17 Malcolm, Wittgenstein's *Philosophical Investigations*, *Philosophical Review*, v.LXIII, p.554, 1954.

18 Ayer; Rhees, Can There Be a Private Language?, *Proceedings of the Aristotelian Society*, Suppl. v.XXVIII, n.1, p.63-94, 1954.

A ideia de uma ciência social e sua relação com a filosofia

uma forma particularmente aguda da frase "suficientemente diferente para que ele lhe desse um nome diferente". Pois uma "diferença suficiente" não é certamente algo que é dado a alguém de maneira absoluta pelo objeto que se está observando; ele adquire sentido apenas de uma regra específica que alguém está seguindo. Mas é essencial ao argumento de Ayer que isso tivesse um sentido independente de qualquer regra específica, pois ele está tentando usá-lo como fundamento sobre o qual construir a possibilidade de uma regra independente de qualquer contexto social.

Ayer também argumenta que "algum ser humano deve ter sido o primeiro a usar um símbolo". Com isso, busca afirmar que regras socialmente estabelecidas claramente não podem ter sido pressupostas para *esse* uso; e, se o fossem, certamente regras estabelecidas não poderiam ser pré-requisitos logicamente necessários para o uso de símbolos em geral. O argumento é atraente, mas falacioso. Do fato de que deve ter havido uma transição de um estado de coisas em que não havia linguagem para um estado de coisas no qual existe linguagem, disso não segue, em absoluto, que deva ter havido algum indivíduo que fosse o primeiro a usar a linguagem. Isto é tão absurdo quanto o argumento de que deve ter havido algum indivíduo que foi o primeiro a participar de um "cabo de guerra"; de fato, mais ainda. A suposição de que a linguagem foi *inventada* por qualquer indivíduo é bastante sem sentido, como o mostra Rush Rhees em sua resposta a Ayer.[19] Podemos imaginar práticas que foram crescendo gradualmente entre os homens primitivos, nenhuma das quais poderia contar como a invenção da linguagem; e, no

---

19 Ibid., p.85-7.

entanto, uma vez que essas práticas atingiram certo grau de sofisticação — seria um mal-entendido perguntar *qual* grau precisamente —, pode-se dizer de tais homens que eles têm uma linguagem. Essa questão como um todo envolve uma aplicação de algo como o princípio hegeliano de uma mudança em quantidade levar a uma diferença em qualidade, o que vou discutir detidamente mais à frente.

Há um contra-argumento à posição de Wittgenstein para a qual Ayer parece dar importância singular, uma vez que ele o usa não apenas no trabalho ao qual venho me referindo, mas também em seu último livro, *The Problem of Knowledge*. Um dos argumentos mais importantes de Wittgenstein se desenvolve da seguinte forma:

> Vamos imaginar uma tabela (algo como um dicionário) que existe apenas em nossa imaginação. Um dicionário pode ser usado para justificar a tradução de uma palavra X para uma palavra Y. Mas podemos chamar isso uma justificação se tal tabela existir para ser consultada apenas na imaginação? — "Bem, sim, então é uma justificação subjetiva." — Mas a justificação consiste em recorrer a algo independente. — "Mas certamente eu posso recorrer de uma lembrança a outra. Por exemplo, eu não sei se lembrei a hora da partida de um trem e para conferir chamo à memória como uma página da tabela de horários se apresenta. Não é a mesma coisa aqui?" — Não, porque esse processo teve que produzir uma lembrança que é de fato *correta*. Se a imagem mental de uma tabela de horários não puder ela própria ser *comprovada* para uma correção, como poderia confirmar a correção da primeira lembrança? (Como se alguém fosse comprar várias cópias do jornal matinal para assegurar a si mesmo que o que está dito é verdade.)

A ideia de uma ciência social e sua relação com a filosofia

Olhar uma tabela na imaginação não é olhar para uma tabela, assim como a imagem de um resultado de um experimento imaginado não é o resultado de um experimento.[20]

O contra-argumento de Ayer é que *qualquer* uso da linguagem, não importa o quanto está estabelecida publicamente, está aberto à mesma dificuldade; pois, diz ele, mesmo se o uso por alguém de uma palavra em uma ocasião específica for ratificado por outros usuários da linguagem, ainda assim, deve-se *identificar* o que eles dizem. "Não há dúvida que erros podem sempre ocorrer; mas se nunca se aceitar qualquer identificação sem uma comprovação posterior, nunca se identificará qualquer coisa. E dessa forma nenhum uso descritivo da linguagem será possível."[21] Strawsom também parece pensar que Wittgenstein está sujeito a tal objeção, pois pergunta, de forma aguda, em conexão com os argumentos de Wittgenstein: "Nós, na verdade, lembramos incorretamente o uso de palavras muito *simples* de nossa linguagem ordinária, e temos que corrigi-las através da atenção ao uso dos outros?".[22]

Mas essa objeção está mal concebida; Wittgenstein não diz que todo ato de identificação necessita, de fato, de comprovação posterior, no sentido de que não podemos nunca ficar com nossos julgamentos. Isso obviamente levaria a uma regressão infinita, e é difícil imaginar alguém que o sustentasse que não quisesse estabelecer um sistema de completo ceticismo pirroniano, o que está muito longe da intenção de Wittgen-

---

20 Wittgenstein, *Philosophical Investigations*, I, 265.
21 Ayer, *The Problem of Knowledge*, Cap.2, Seç.V.
22 Strawson, Critical Notice, *Mind*, v.LXIII, n.249, p.85, 1954.

stein. De fato, o próprio Wittgenstein é muito insistente em que "justificações têm que chegar a um fim em algum lugar", e essa é uma pedra fundamental de muitas de suas doutrinas mais características: como seu tratamento da forma "natural" em que, em geral, as regras são seguidas. Ayer e Strawson não compreenderam a insistência de Wittgenstein de que deve ser *possível* para o julgamento de um único indivíduo ser verificado através de critérios independentes (critérios estabelecidos de forma independente da vontade do indivíduo); é apenas em circunstâncias especiais que tal verificação tem que ser feita *realmente*. Mas o fato de isso poder ser feito, se necessário, faz a diferença para o que pode ser dito sobre esses casos nos quais não é necessário que seja feito. Um único uso da linguagem não se sustenta sozinho; ele é inteligível apenas dentro de um contexto geral no qual a linguagem é usada; e uma parte importante daquele contexto é o procedimento de correção de erros quando eles ocorrem, e de comprovação, quando se suspeita de um erro.

2
A natureza
do comportamento significativo

I. Filosofia e sociologia

Na Seção 7 do último capítulo, procurei indicar, de modo geral, como a filosofia, concebida como o estudo da natureza da compreensão da realidade pelo homem, pode esclarecer a natureza das inter-relações humanas na sociedade. A discussão de Wittgenstein nas seções 8 e 9 deu base para essa presunção, pois isso mostrou que a elucidação filosófica da inteligência humana requer que as noções associadas a ela sejam colocadas no contexto das relações entre os homens e a sociedade. Na medida em que houve uma revolução na filosofia nos anos recentes, talvez ela resida na ênfase sobre esse fato, e no profundo cálculo de suas consequências, que encontramos no trabalho de Wittgenstein. "O que tem que ser aceito, o dado, é – assim se poderia dizer – a existência de formas de vida."[1]

Eu disse anteriormente que a relação entre a epistemologia e os ramos periféricos da filosofia era que a primeira se preocupa

---

1 Wittgenstein, *Philosophical Investigations*, II, xi, 226e.

com as condições gerais sob as quais é possível falar da compreensão, enquanto os segundos preocupam-se com as formas singulares que a compreensão assume em tipos específicos de contexto. A consideração de Wittgenstein sugere uma possibilidade de reformular essa afirmação: enquanto as filosofias da ciência, da arte, da história etc., terão a tarefa de elucidar as naturezas singulares daquelas formas de vida chamadas "ciência", "arte" etc., a epistemologia procurará elucidar o que está envolvido na noção de uma forma de vida como tal. A análise de Wittgenstein sobre o conceito de seguir a regra e a sua descrição do tipo singular de concordância interpessoal que isso envolve são contribuições para essa elucidação epistemológica.

Essa conclusão tem consequências importantes para nossa concepção dos estudos sociais, particularmente a parte teórica da sociologia geral e dos fundamentos da psicologia social. Como é sabido, sempre houve uma disputa sobre o papel que a sociologia deveria desempenhar em relação aos demais estudos sociais. Alguns consideravam que a sociologia deveria ser a ciência social *por excelência*, sintetizando os resultados dos estudos sociais especiais, como a economia e a teoria política, em uma teoria unificada da sociedade em geral. Outros, entretanto, buscavam olhar a sociologia simplesmente como uma ciência social no mesmo nível que todas as outras, confinada aos limites de seu próprio objeto. No entanto, qualquer que seja a visão adotada, ao final, dificilmente pode-se evitar incluir na sociologia uma discussão da natureza dos fenômenos sociais em geral, e isso deve ocupar um lugar especial entre as várias disciplinas dedicadas ao estudo da sociedade. Todas essas disciplinas se ocupam, de uma forma ou de outra forma, de fenômenos sociais, e requerem, portanto, uma clara apreen-

A ideia de uma ciência social e sua relação com a filosofia

são do que está envolvido no conceito de um fenômeno social. Além disso,

> todos os objetos de investigação atribuídos à sociologia, urbanismo, relações raciais, estratificação social, ou as relações entre as condições sociais e as construções mentais (*Wissenssoziologie*), são, de fato, difíceis de isolar, e têm o caráter de fenômenos *totais*, conectados com a sociedade como um todo e com a natureza da sociedade.[2]

Mas entender a natureza do fenômeno social em geral, elucidar o conceito de uma "forma de vida", tem sido apresentado como exatamente o objetivo da epistemologia. É verdade que o ponto inicial do epistemólogo é bem diferente daquele do sociólogo, mas, se os argumentos de Wittgenstein são sólidos, cedo ou tarde será sobre isso que ele deverá se ocupar. Isso significa que as relações entre a sociologia e a epistemologia devem ser diferentes, e muito mais estreitas, do que regularmente se imagina. A visão aceita, creio eu, *grosso modo* se desenvolve da seguinte forma. Qualquer disciplina intelectual pode, vez ou outra, esbarrar em dificuldades filosóficas, as quais frequentemente anunciam uma revolução nas teorias fundamentais e formam obstáculos temporários no caminho do avanço da investigação científica. As dificuldades da concepção de simultaneidade que Einstein teve que enfrentar e que pressagiou a formulação da revolucionária teoria especial da relatividade proporciona um exemplo. Essas dificuldades traziam muitas das características que se associam às perplexidades filosóficas

---

2 Aron, *German Sociology*, p.119.

e são notavelmente diferentes dos problemas teóricos técnicos, solucionados no processo normal do avanço da investigação científica. Ora, frequentemente se supõe que as disciplinas desenvolvidas recentemente, sem base teórica estabelecida sobre a qual desenvolver pesquisa futura, são particularmente propensas a criar quebra-cabeças filosóficos, mas que isso é uma fase temporária que deve ser vivida e da qual elas devem livrar-se o mais cedo possível. Mas, em meu modo de ver, seria errado dizer isso da sociologia, pois os problemas filosóficos que emergem não são corpos estranhos incômodos que devem ser removidos antes que a sociologia possa avançar pelos seus próprios caminhos científicos independentes. Ao contrário, o problema central da sociologia, o de fornecer uma descrição da natureza do fenômeno social em geral, pertence ele próprio à filosofia. De fato, usando uma expressão grosseira, essa parte da sociologia é realmente uma epistemologia bastarda. Digo "bastarda" porque seus problemas foram amplamente mal interpretados e, portanto, tratados de forma ineficiente, como uma espécie de problema científico.

O tratamento usual da linguagem em livros de psicologia social mostra as inadequações a que isso pode levar. O problema sobre o que é a linguagem é, claramente, de vital importância para a sociologia, pois nele e com ele, ficamos frente a frente com a questão global da forma característica na qual os seres humanos interagem uns com os outros na sociedade. Contudo, geralmente, as questões importantes não são tocadas. Encontramos exemplos das formas nas quais conceitos análogos podem diferir nas linguagens de diferentes sociedades com, talvez, alguma indicação das formas nas quais essas diferenças correspondam a diferenças nos principais interesses

A ideia de uma ciência social e sua relação com a filosofia

característicos da vida levada nessas sociedades. Tudo isso pode ser interessante e mesmo esclarecedor se trazido como forma de ilustrar a discussão sobre o que é, afinal, para as pessoas, ter uma linguagem. Mas isso dificilmente acontece. Em vez disso, a noção de ter uma linguagem, e as noções que seguem com ela – como a de significado, inteligibilidade, e assim por diante –, são consideradas óbvias. A impressão dada é que, primeiro, há uma linguagem (com palavras tendo um significado, afirmações capazes de serem verdadeiras ou falsas) e depois, isso dado, ela adentra as relações humanas e é modificada pelas relações humanas específicas nas quais adentra. O que falta dizer é que essas mesmas categorias de significado etc. são *logicamente* dependentes, para seu sentido, da interação social entre os homens. Psicólogos sociais, às vezes, falam isso por falar. Eles nos dizem, por exemplo, que "conceitos são produtos de interações de muitas pessoas conduzindo a importante tarefa de viver juntos em grupos".[3] Mas os autores não vão além e limitam-se à observação sobre a forma pela qual os conceitos *específicos* podem refletir a vida singular da sociedade em que vivem. Não há discussão sobre como a própria existência de conceitos depende da vida em grupo. E eles mostram não compreender a força dessa questão quando falam de conceitos como "incorporadores de generalizações", pois não se pode explicar o que são conceitos nos termos da noção de generalização. As pessoas não fazem generalizações, primeiro, e depois, as incorporam em conceitos: é apenas em virtude da posse de conceitos que elas são capazes de fazer generalizações.

---

3 Sherif; Sherif, *An Outline of Social Psychology*, Cap.30, p.456.

2. O comportamento significativo

A descrição de Wittgenstein sobre o que é seguir uma regra, por razões óbvias, é dada principalmente com o cuidado de elucidar a natureza da linguagem. Tenho agora que mostrar como esse tratamento pode colocar luz sobre as outras formas de interação humana, além da fala. As formas de atividade em questão são, naturalmente, aquelas nas quais as categorias análogas são aplicáveis: ou seja, aquelas que podemos dizer, de forma razoável, que têm um *significado*, um caráter *simbólico*. Nas palavras de Max Weber, estamos nos ocupando do comportamento humano "se e na medida em que o agente ou os agentes associam *sentido* subjetivo (*Sinn*) a ele".[4] Quero considerar o que está envolvido nessa ideia de comportamento significativo.

Weber diz que o "sentido" do qual ele fala é algo que é "subjetivamente intencionado" e diz que a noção de comportamento significativo está estreitamente associada a noções tais como *motivo* e *razão*. "'Motivo' significa uma configuração significativa de circunstâncias que, para o agente ou observador, aparecem como uma 'razão' significativa (*Grund*) do comportamento em questão."[5]

Vamos considerar alguns exemplos de ações que são realizadas *por uma razão*. Suponha que seja dito de uma certa pessoa, *N*, que ela votou no Partido Trabalhista Inglês na última eleição geral porque considerava que um governo trabalhista seria provavelmente melhor para preservar a paz industrial. Que tipo de explanação é essa? O caso mais claro é aquele no qual *N*, an-

---

4 Weber, *Wirtschaft und Gesellschaft*, Cap.I.
5 Ibid.

A ideia de uma ciência social e sua relação com a filosofia

tes de votar, discutiu os prós e os contras de votar no Partido Trabalhista Inglês, e de forma explícita chegou à conclusão: "Eu votarei no Partido Trabalhista porque é a melhor forma de preservar a paz industrial". Este é um caso paradigmático de alguém realizando uma ação por uma razão. Dizer isso não é negar que em alguns casos, mesmo em que N tenha passado por um processo explícito de raciocínio, seja possível discutir se a razão dada é, de fato, a razão real de seu comportamento. Mas, frequentemente, não há razão para dúvida; e, se não fosse assim, a ideia de *uma razão para uma ação* correria o risco de perder completamente seu sentido (esse ponto assumirá maior importância subsequentemente, quando eu discutir o trabalho de Pareto).

O tipo de caso que tomei como um paradigma não é o único coberto pelo conceito de Weber. Mas o paradigma exibe claramente um aspecto que acredito ter a mais geral importância. Suponha que um observador, O, está oferecendo aquela explicação para N ter votado no Partido Trabalhista: então deveria ser notado que a força da explicação de O reside no fato de que conceitos que nele aparecem devem ser apreendidos não apenas por O e seus ouvintes, mas também *pelo próprio N*. N deve ter alguma ideia do que é *"preservar a paz industrial"* e uma conexão entre isso e o tipo de governo que ele espera ocupar o poder se o Partido Trabalhista for eleito (para minhas proposições atuais, não é necessário levantar a questão se as crenças de N em um caso específico são verdadeiras ou não).

Nem todos os casos de comportamento significativo são bem definidos como esse. Aqui estão alguns exemplos intermediários. N pode não ter formulado, antes de votar, qualquer razão para votar como votou. Mas isso não exclui, necessariamente, a possibilidade de dizer que ele tem uma razão para votar no Partido Trabalhista e de especificar a razão. E, nesse caso, tanto quanto no paradigma, a aceitabilidade de tal explanação é contingente à apreensão por N dos conceitos nele contidos. Se N não apreende o conceito da paz industrial, não tem sentido dizer que sua razão para fazer qualquer coisa é um desejo de ver a paz industrial promovida.

Um tipo de caso ainda mais afastado do meu paradigma é aquele discutido por Freud em *A psicopatologia da vida cotidiana*. N esquece de postar uma carta no correio e insiste, mesmo depois de refletir, que isso foi "apenas uma distração", sem outra razão. Um observador freudiano pode insistir que N "deve ter uma razão" mesmo que ela não seja aparente para ele: sugerindo talvez que N, inconscientemente, conectou a ação de postar a carta com algo doloroso em sua vida que deseja eliminar. Em termos weberianos, Freud classifica como ações "significativamente direcionadas" (*sinnhaft orientiert*) aquelas que não têm qualquer sentido para o observador casual. Weber parece referir-se a casos como esse quando, na sua discussão de casos limítrofes, fala de ações cujo sentido é aparente apenas "para o *expert*". Isso significa que sua caracterização de *Sinn*, como algo "subjetivamente intencionado", deve ser tratada com cautela: com mais cautela, por exemplo, do que é tratado por Morris Ginsberg, que parece assumir que Weber está dizendo que a compreensão pelo sociólogo do comportamento de outras pessoas deve fundar-se em uma analogia com sua própria experiência introspectiva.[6] Essa compreensão equivocada de Weber é muito comum tanto entre seus críticos quanto entre

---

6 Ver Ginsberg, *On the Diversity of Morals*, p.153 *ss.*

os discípulos que o disseminam; tratarei desse assunto mais adiante. Mas a insistência de Weber na importância do ponto de vista subjetivo pode ser interpretada de uma forma a não se expor às objeções de Ginsberg: ele pode significar que mesmo as explanações do tipo freudiano, se forem aceitáveis, devem sê-lo nos termos de conceitos familiares tanto ao agente quanto ao observador. Não faria sentido dizer que a omissão de N em postar uma carta para X (digamos que para liquidar uma dívida) foi uma expressão do ressentimento inconsciente de N contra X por ter sido promovido para um cargo mais alto, se o próprio N não souber o que se quer dizer por "obter promoção para um cargo mais alto que alguém". Vale mencionar aqui também que, na busca de explanações desse tipo, na direção da psicoterapia, os freudianos tentam obter do próprio paciente que ele reconheça a validade da explanação proferida; que isso é quase realmente uma condição para ser aceita como a explicação "correta".

A categoria do comportamento significativo se estende também para ações às quais o agente não tem "razão" ou "motivo" algum em todos os sentidos discutidos até agora. No primeiro capítulo de *Economia e sociedade*, Weber contrasta a ação significativa com a ação "puramente reativa" (*bloss reaktiv*) e diz que o comportamento puramente *tradicional* está na fronteira entre essas duas categorias. Mas, como destaca Talcott Parsons, Weber não é consistente com o que fala sobre isso. Algumas vezes, parece considerar o comportamento tradicional simplesmente como uma espécie de hábito, ao passo que, em outras ocasiões, ele o considera como "um tipo de ação social em que seu tradicionalismo consiste na fixidez de certos elementos e na sua imunidade contra a crítica racional ou outra crítica".[7] O comportamento econômico relacionado a um padrão fixo de vida está citado como um exemplo: isto é, o comportamento quando um homem não explora um aumento da capacidade produtiva de seu trabalho no sentido de elevar seu padrão de vida, mas, ao contrário, trabalha menos. Parsons destaca que a tradição, nesse sentido, não deve ser equiparada a um mero hábito, mas possui um caráter *normativo*. Ou seja, a tradição é considerada um padrão que direciona escolhas entre ações alternativas. Dessa forma, ela claramente cai dentro da categoria de *sinnhaft*.

Suponha que *N* vote no Partido Trabalhista sem deliberar e, subsequentemente, sem ser capaz de oferecer qualquer razão, por mais que seja pressionado. Suponha que ele simplesmente siga sem questionar o exemplo de seu pai e seus amigos, que sempre votaram no Partido Trabalhista (esse caso deve ser diferenciado daquele em que a *razão* para *N* votar no Partido Trabalhista é que seu pai e seus amigos sempre votaram dessa forma). Ora, embora *N* não aja nessa situação sem qualquer razão, seu ato ainda tem um sentido definido. O que ele faz não é *simplesmente* marcar um pedaço de papel, mas está *depositando um voto na urna*. E o que desejo perguntar é, o que dá à sua ação esse sentido, mais que, digamos, aquele de ser um movimento em um jogo, ou parte de um ritual religioso. De forma mais ampla, através de qual critério nós distinguimos atos que têm um sentido, daqueles que não têm?

No texto intitulado "R. Stammlers 'Ueberwindung' der materialistischen Geschichtsauffassung" [R. Stammler e a "supe-

---

7 Parsons, *The Structure of Social Action*, Cap.XVI.

A ideia de uma ciência social e sua relação com a filosofia

ração" da concepção materialista da história], Weber considera o caso hipotético de dois seres "não sociais" se encontrando, e, em um sentido puramente físico, "trocando" objetos.[8] Essa ocorrência, diz ele, é concebível como um ato de troca *econômica* apenas se ela tiver um sentido. Ele desdobra essa ideia dizendo que as ações presentes desses dois homens devem trazer nelas mesmas, ou representar, uma regulação de seu comportamento futuro. A ação com um sentido é simbólica: ela caminha com certas ações no sentido de que *compromete* o agente a comportar-se de uma forma e não de outra no futuro. Essa noção de "estar comprometido" é mais obviamente apropriada quando estamos lidando com ações que têm significância social imediata, como a troca econômica ou a manutenção de promessas. Mas ela se aplica também ao comportamento significativo de uma natureza mais "privada". Assim, para ficar com exemplos utilizados por Weber, se *N* coloca uma tira de papel entre as folhas de um livro, pode-se dizer que está "usando um marcador" apenas se ele age com a ideia de usar uma tira de papel para determinar onde ele deverá recomeçar a leitura. Isto não significa que ele deva, necessariamente, usá-la *realmente* no futuro dessa forma (embora esse seja o caso paradigmático); o ponto é que, se ele não o faz, alguma explicação especial será solicitada, tal como ele ter esquecido, ter mudado de ideia, ou ter ficado cansado do livro.

A noção de estar comprometido pelo que eu faço agora para fazer algo mais no futuro é idêntica, quanto à forma, com a conexão entre uma definição e o subsequente uso da palavra definida, que discuti no capítulo anterior. Disso segue que posso apenas

---

8 Ver Weber, *Gesammelte Aufsätze zur Wissenschaftslehre*.

Peter Winch

estar comprometido com algo no futuro pelo que faço agora se meu ato presente for a *aplicação de uma regra*. Ora, de acordo com o argumento do capítulo anterior, isso é possível apenas onde o ato em questão tem uma relação com um contexto social: isso deve ser verdadeiro mesmo nos atos mais privados, se eles são significativos.

Vamos voltar ao exercício do voto de *N*: sua possibilidade reside em duas pressuposições. Em primeiro lugar, *N* deve viver em uma sociedade que tem certas instituições políticas específicas – um parlamento que é constituído de certa forma e um governo que esteja relacionado, de certa forma, com o parlamento. Se ele vive em uma sociedade da qual a estrutura política é patriarcal, claramente não terá sentido falar dele como "votando" por um governo particular, embora boa parte de sua ação possa aparentemente ter semelhança com a de um eleitor em um país com um governo eleito. Em segundo lugar, o próprio *N* deve ter uma certa familiaridade com essas instituições. Seu ato deve ser uma participação na vida política do país, a qual pressupõe que ele deva estar atento sobre a relação simbólica entre o que está fazendo agora e o governo que chegará ao poder depois da eleição. A força dessa condição se torna mais aparente em relação aos casos em que "instituições democráticas" têm sido impostas por administradores de fora em sociedades para as quais tais formas de conduzir a vida política são estrangeiras. Os habitantes de um país talvez sejam seduzidos a praticar movimentos de marcar tiras de papel e depositá-las em urnas, mas se as palavras retêm algum significado, não pode ser dito que eles estejam "votando", a menos que tenham alguma concepção da significação do que estão fazendo. Isso se mantém verdadeiro mesmo se o governo

A ideia de uma ciência social e sua relação com a filosofia

que chega ao poder de fato o faça como resultado dos "votos" depositados.

3. Atividades e preceitos

Afirmei que a análise do comportamento significativo deve atribuir um papel central à noção de regra, que todo comportamento que é significativo (portanto, como comportamento especificamente humano) é, *ipso facto*, governado por regras. Pode-se agora objetar que essa forma de falar obscurece uma distinção necessária: que *alguns* tipos de atividade envolvem o participante na observância de regras, enquanto outros, não. O anarquista livre-pensador, por exemplo, certamente não vive uma vida circunscrita por regras no mesmo sentido que faz um monge ou um soldado; não é errado incluir esses modos muito diferentes de vida sob uma categoria fundamental?

Essa objeção certamente mostra que devemos ter cuidado no uso que fazemos da noção de regra, mas isso não mostra que a forma de falar que adotei seja imprópria ou pouco esclarecedora. É importante observar que, no sentido no qual estou falando de regras, é tão importante falar do anarquista seguindo regras naquilo que faz, quanto é dizer a mesma coisa do monge. A diferença entre esses dois tipos de homens não está em que um segue regras e o outro não; ela reside nos diversos *tipos* de regras que cada um respectivamente segue. A vida do monge está circunscrita por regras de comportamento que são definidas de maneira explícita e rígida: elas deixam um espaço tão pequeno quanto possível para a escolha individual em situações que pedem ação. O anarquista, por outro lado, evita normas explícitas tanto quanto possível, e orgulha-se em considerar todos os chamados para ação "pelos seus méritos": isto é, sua escolha não é determinada com antecedência para ele pela regra que está seguindo. Mas isso não significa que ele possa eliminar totalmente a ideia de uma regra pela descrição de seu comportamento. Não podemos fazer isso porque, se posso me permitir um pleonasmo expressivo, o modo de vida de um anarquista é um *modo de vida*. Isso deve ser distinguido de, por exemplo, o comportamento sem sentido de um lunático furioso. O anarquista tem razões para agir como ele age; ele *demonstra* o que significa não ser governado por normas rígidas e explícitas. Embora preserve sua liberdade de escolha, as escolhas que faz ainda são significativas: elas são guiadas por considerações, e ele pode ter boas razões para escolher um caminho e não outro. E essas noções, que são essenciais na descrição do modo de comportamento do anarquista, pressupõem a noção de uma regra.

Uma analogia pode ajudar aqui. Quando se aprende a escrever inglês há um número razoável de regras rígidas que devem ser adquiridas, tais como a de que é errado um verbo no singular seguir um sujeito no plural. *Grosso modo*, essas regras correspondem às normas explícitas que governam a vida monástica. Em termos da gramática correta, não se deve ter uma escolha entre escrever "eles eram" e "eles era": se é possível escrever gramaticalmente, nem se levanta a questão sobre qual dessas expressões se deve usar. Mas esse não é o único tipo de coisa que se aprende; também se aprende a seguir certos cânones de estilo, e esses, conduzem a forma na qual se escreve, mas não *ordenam* que alguém deveria escrever de um jeito ou de outro. Como consequência, as pessoas podem ter estilos literários individuais, mas, dentro de certos limites, podem

A ideia de uma ciência social e sua relação com a filosofia

apenas escrever em gramática correta ou gramática incorreta. Contudo, seria plenamente errado concluir desse ponto que o estilo literário não é governado por nenhuma regra: ele é algo que pode ser aprendido, algo que pode ser discutido, e o fato de que pode ser aprendido e discutido é essencial para nossa concepção sobre ele.

Talvez a melhor forma de sustentar esse ponto seja considerar uma apresentação persuasiva do caso contrário. Tal apresentação é oferecida por Michael Oakeshott em uma série de artigos publicados no *Cambridge Journal*.[9] Boa parte do argumento de Oakeshott coincide com a visão do comportamento humano apresentada aqui, e vou começar considerando essa parte do que ele diz, antes de me aventurar nas críticas sobre o restante.

Muito em acordo com a visão que tenho advogado, está a rejeição de Oakeshott do que ele chama equívoco "racionalista" da natureza da inteligência e da racionalidade humanas.[10] Segundo essa concepção equivocada, a racionalidade do comportamento humano vem de fatores externos: das funções intelectuais, as quais operam de acordo com leis próprias e são, em princípio, totalmente independentes das formas particulares da atividade para as quais, todavia, podem ser aplicadas.

Um bom exemplo (não discutido por Oakeshott) do tipo de visão a que ele objeta é a famosa assertiva de Hume de que "a razão é, e apenas deve ser a escrava das paixões, e não pode nunca pretender qualquer outro ofício a não ser servi-las e

---

9 Republicado em *Rationalism in Politics*.

10 Ver Oakeshott, Rational Conduct, *Cambridge Journal*, v.4, p.3-27, 1950-1951.

obedecer-lhes". Por essa concepção, os fins da conduta humana são estabelecidos pela constituição natural das emoções dos homens; esses fins dados, o ofício da razão é, principalmente, determinar os meios apropriados de realizá-los. As atividades características desenvolvidas pelas sociedades humanas, presumivelmente, emergiriam dessa interação entre a razão e a paixão. Contra esse quadro, Oakeshott está totalmente correto em apontar que: "Um cozinheiro não é um homem que primeiro tem uma visão de uma torta e só então procura fazê-la; ele é um homem qualificado em cozinhar, e tanto seus projetos quanto suas realizações se originam dessa qualificação".[11] Em geral, tanto os fins buscados quanto os meios empregados na vida humana, longe de gerar formas de atividade social, dependem dessas formas para sua própria existência. Um religioso místico, por exemplo, que diz que seu objetivo é a união com Deus, pode ser compreendido apenas por alguém que esteja familiarizado com a tradição religiosa no contexto em que esse fim é buscado; um cientista que diz que seu objetivo é dividir o átomo pode apenas ser compreendido por alguém familiarizado com física moderna.

Isso leva Oakeshott a dizer, novamente de forma totalmente correta, que uma forma de atividade humana não pode ser resumida em um conjunto de preceitos explícitos. A atividade "vai além" dos preceitos. Por exemplo, os preceitos têm que ser aplicados na prática e, embora possamos formular outro conjunto de preceitos de ordem superior prescrevendo como o primeiro conjunto deve ser aplicado, não podemos ir mais longe

---

11 Ibid.

A ideia de uma ciência social e sua relação com a filosofia

nesse caminho sem nos encontrarmos na ladeira escorregadia destacada por Lewis Carrol no seu texto justamente celebrado entre os lógicos, "What the Tortoise Said to Achilles" [O que a tartaruga disse a Aquiles].

Aquiles e a tartaruga estão discutindo três proposições, A, B e Z, que são tão relacionadas que Z segue logicamente de A e B. A tartaruga pede a Aquiles para considerá-la como se ela tivesse aceitado A e B como verdadeiras, mas ainda não a verdade da proposição hipotética (C) "Se A e B são verdadeiras, Z deve ser verdadeira", e forçá-la logicamente a aceitar Z como verdadeira. Aquiles começa pedindo à tartaruga para aceitar C, o que a tartaruga faz; Aquiles então escreve em seu caderno:

"A

B

C (Se A e B são verdadeiras, Z deve ser verdadeira)

Z"

Ele então diz à tartaruga. "Se você aceita A e B e C, você deve aceitar Z". Quando a tartaruga pergunta por que ela deve, Aquiles responde: "Porque isso segue *logicamente* delas. Se A e B e C são verdadeiras, Z *deve* ser verdadeira (D). Você não discute *isso*, eu suponho?". A tartaruga aceita D, se Aquiles escrever isso no caderno. O diálogo seguinte, então, continua: Aquiles diz:

"Agora que você aceita A e B e C e D, *certamente* você aceita Z."

"Eu aceito?", disse a tartaruga inocentemente. "Vamos tornar isso bem claro. Eu aceito A e B e C e D. Suponha que eu *ainda* recuse aceitar Z."

Peter Winch

"Então a Lógica vai pegá-la pelo pescoço e *forçá-la* a fazer isso!" Aquiles respondeu de forma triunfante. "A Lógica vai dizer a você: 'Você não pode fazer nada. Agora que você aceitou A e B e C e D, você *deve* aceitar Z'. Então, como vê, você não tem escolha."

"O que quer que a Lógica me diga é melhor *tomar nota*", disse a tartaruga. "Então anote isto em seu caderno, por favor. Nós vamos chamar isto de: (E). Se A e B e C e D são verdadeiras, Z deve ser verdadeira. Até que eu reconheça *isso*, eu não preciso reconhecer Z. Então, é totalmente *necessário* mais um passo, você está vendo?"

"Eu vejo", disse Aquiles; e havia um tom de tristeza em sua voz.

A história termina alguns meses mais tarde com o narrador voltando ao lugar e encontrando o mesmo par ainda sentado lá. O caderno está quase cheio.

A moral dessa narrativa, se eu puder ser suficientemente enfadonho para destacá-la, é que o processo real de definir uma inferência que, afinal, está no coração da lógica, é algo que não pode ser representado como uma fórmula lógica; que, além disso, uma justificativa suficiente para inferir uma conclusão de um conjunto de premissas é ver que a conclusão, de fato, se segue. Insistir em qualquer justificativa não é ser extracauteloso; é expor uma má compreensão do que a inferência é. Aprender a inferir não é apenas uma questão de ser ensinado sobre as relações lógicas explícitas entre proposições; é aprender *a fazer* algo. Ora, o ponto que Oakeshott está afirmando é realmente uma generalização disso; onde Carroll falou apenas sobre inferência lógica, Oakeshott está afirmando um ponto similar sobre as atividades humanas em geral.

A ideia de uma ciência social e sua relação com a filosofia

4. Regras e hábitos

Tudo isso que foi mencionado se adéqua muito bem à posição esboçada no Capítulo I. Princípios, preceitos, definições, fórmulas — tudo deriva seu sentido do contexto da atividade social humana na qual eles são aplicados. Mas Oakeshott deseja dar um passo adiante. Ele considera que disso segue que a maior parte do comportamento humano pode ser adequadamente descrito em termos da noção de *hábito* ou *costume*, e que nem a noção de regra nem a de reflexividade são essenciais para isso. Isso me parece um erro por razões que procurarei apresentar agora.

Em *The Tower of Babel*, Oakeshott distingue entre duas formas de moralidade: aquela que é "um hábito de afeição e comportamento" e aquela que é "a aplicação reflexiva de um critério moral".[12] Ele parece considerar que a moralidade "habitual" pode existir fazendo abstração de uma moralidade "reflexiva". Na moralidade habitual, diz ele, ocorrem situações "não pela nossa própria aplicação consciente de uma regra de comportamento nem pela conduta reconhecida como a expressão de um ideal moral, mas pela ação segundo certo hábito de comportamento". Esses hábitos não são aprendidos por preceito, mas por "viver com pessoas que habitualmente se comportam de certa maneira". Oakeshott parece considerar que a linha divisória entre o comportamento que é habitual e o comportamento governado por regras depende de se uma regra é ou não *conscientemente* aplicada.

---

12 Oakeshott, The Tower of Babel, *Cambridge Journal*, v.2, p.67-83, 1948-1949.

Peter Winch

Em oposição a isso, quero dizer que a prova de se as ações de um homem são a aplicação de uma regra não está em se ele pode *formular* essa regra, mas se faz sentido distinguir entre uma forma correta e uma forma errada de fazer as coisas em conexão com o que ele faz. Se fizer sentido, então também faz sentido dizer que ele está aplicando o critério naquilo que ele faz, embora não formule, e talvez não possa formular esse critério.

Aprender como fazer algo não é apenas copiar o que outra pessoa também faz; isso pode se iniciar dessa forma, mas a estimativa de um professor sobre o desempenho de seu aluno está na capacidade de seu aluno em fazer coisas que ele simplesmente *não* copiou. Wittgenstein descreveu muito bem essa situação. Ele nos pede para considerar alguém apreendendo a série de números naturais. Talvez ele tenha inicialmente que copiar o que seu professor escreveu, com a sua mão conduzida pelo professor. Depois, terá que fazer a "mesma" coisa, por si próprio.

E aqui já há uma reação normal e uma anormal do aluno... Podemos imaginar, por exemplo, que ele copia os números de forma independente, mas não na ordem correta: ele escreve às vezes um, às vezes outro, de forma aleatória. E então a comunicação para *naquele* ponto. Ou ainda, ele comete "*erros*" na ordem. — A diferença entre este e o primeiro caso será obviamente de frequência. – Ou ele comete um erro *sistemático*; por exemplo, copia um número sim, o outro não, ou copia a série 0, 1, 2, 3, 4, 5... desta forma: 1, 0, 3, 2, 5, 4... Aqui nós estaremos quase tentados a dizer que ele entendeu *errado*.[13]

---

13 Wittgenstein, *Philosophical Investigations*, I, 143.

A ideia de uma ciência social e sua relação com a filosofia

O ponto aqui é que *importa* que o aluno reaja ao exemplo do professor de uma forma e não de outra. Ele tem que adquirir não apenas o hábito de seguir o exemplo de seu professor, mas também entender que algumas formas de seguir aquele exemplo são permitidas e outras não. Isto é, ele tem que adquirir a habilidade de aplicar um critério; tem que aprender não simplesmente a fazer coisas da mesma forma que seu professor, mas também *o que conta* como a mesma forma.

A importância dessa distinção pode ser destacada ao tomar o exemplo de Wittgenstein um pouco adiante. Aprender a série de números naturais não é apenas aprender a copiar uma série finita de números na ordem em que foi mostrada. Isso envolve *ser capaz de continuar* escrevendo números que não foram mostrados. De certo modo, envolve fazer algo *diferente* do que foi originalmente mostrado; mas, *em relação à regra* que está sendo seguida, isso conta como "continuar da *mesma* forma" que foi mostrada.

Há um sentido no qual adquirir um hábito é adquirir a propensão a continuar fazendo o mesmo tipo de coisa; há outro sentido no qual é, de fato, aprender uma regra. Esses sentidos são diferentes e muita coisa depende da diferença. Vamos considerar o caso de um *animal* formando um hábito: aqui não pode haver questão sobre "a aplicação reflexiva de um critério". Suponham que N ensine seu cão a equilibrar um torrão de açúcar em seu focinho e aguarde para comê-lo até N emitir uma palavra de comando. O cão adquire a propensão a responder de certa forma às ações de N; aqui temos um tipo de caso que se adéqua razoavelmente bem na categoria festejada pelos behavioristas do estímulo e resposta. N, entretanto, sendo um simples amante de cães mais do que um cientista, fala, sem dúvida, de forma diferente: ele diz que o cão aprendeu um truque. Cabe observar essa forma de falar, pois ela abre a porta para a possibilidade de avaliar o desempenho do cão em termos que não pertencem absolutamente ao conjunto de conceitos de estímulo-resposta. Ele pode então dizer que o cão fez um truque "corretamente" ou "incorretamente". Mas é importante observar que isso é uma forma antropomórfica de falar; ela requer uma referência às atividades *humanas* e às normas que são aqui aplicadas de forma análoga aos animais. É apenas a relação do cão com os seres humanos que torna inteligível falar que ele aprendeu um truque; o que essa forma de falar significa não poderia ser elucidada por qualquer descrição, mesmo que detalhada, do comportamento canino em completo isolamento dos seres humanos.

O mesmo ponto está envolvido quando se destaca que o que conta como "sempre fazer o mesmo tipo de coisa quando a palavra de comando é emitida" é decidido por N mais do que pelo cão. Seria mesmo sem sentido dizer que o cão estaria fazendo isso. É apenas em relação às proposições de N, que envolvem a noção de truque, que a afirmação de que o cão "sempre faz o mesmo tipo de coisa" tem algum sentido.

Mas, ao passo que a aquisição de um hábito pelo cão não o envolve em nenhuma compreensão do que significa "fazer a mesma coisa no mesmo tipo de ocasião", isto é precisamente o que o ser humano tem que compreender antes que se possa dizer que ele adquiriu uma regra; e isso também está envolvido na aquisição daquelas formas de atividades que Oakeshott quer descrever em termos da noção de hábito. Uma analogia legal deve ajudar nesse caso. A distinção que Oakeshott faz entre duas formas de moralidade é, em muitas maneiras, como a distinção entre a lei positiva e a lei comum; e Roscoe Pound

A ideia de uma ciência social e sua relação com a filosofia

toma uma atitude em relação um pouco análoga à de Oakeshott quando ele se refere à lei positiva como "a aplicação mecânica de regras" e a distingue da lei comum, que envolve "intuições" (reminiscências da discussão de Oakeshott sobre política em termos de "sugestões").[14] Às vezes isso pode ser um modo útil de falar, mas não deveria nos cegar para o fato de que a interpretação de precedentes, tanto quanto a aplicação da lei positiva, envolve seguir regras no sentido em que tenho usado a expressão aqui. Como Otto Kahn-Freund afirma: "Não se pode dispensar um princípio que vincula uma decisão a outra, que eleva o ato judicial acima do domínio do puro expediente"[15] (a referência a Pound é sua *Introduction to the Philosophy of Law*, Capítulo III. E. H. Levi fornece uma excelente e concisa descrição, com exemplos, da forma na qual a interpretação de precedentes judiciais envolve a aplicação de regras).[16]

É apenas quando um precedente passado tem que ser aplicado a um novo tipo de caso que a importância e a natureza da regra tornam-se aparentes. O tribunal tem que perguntar *o que estava envolvido* na decisão precedente e essa é uma questão que não faz sentido, exceto em um contexto no qual a decisão pode, sensatamente, ser considerada a aplicação, apesar de não consciente, de uma regra. O mesmo é verdade em relação a outras formas de atividade humana além da lei, embora, em outros casos, as regras talvez possam nunca ser explícitas. É apenas porque as ações humanas exemplificam regras que podemos falar da experiência passada como relevante para nosso com-

---

14 Ver Oakeshott, *Political Education*.
15 Renner, *The Institutions of Private Law and their Social Function*.
16 Levi, *An Introduction to Legal Reasoning*.

portamento atual. Se elas fossem uma mera questão de hábitos, então nosso comportamento atual seria certamente *influenciado* pela forma na qual nós agimos no passado; se me pedem para continuar a série de números naturais além de 100, continuo de um certo modo por causa de meu treinamento passado. A expressão "por causa de", entretanto, é usada diferentemente nessas duas situações: o cão foi *condicionado* a responder de uma certa forma, enquanto eu *sei* a forma correta de continuar os números *com base no* que me foi ensinado.

5. Reflexividade

Muitas das afirmações de Oakeshott sobre os modos habituais de comportamento soam como as coisas que tenho dito sobre o comportamento governado por regras.

O costume é sempre adaptável e suscetível à *nuance* da situação. Isso pode parecer uma assertiva paradoxal; o costume, nos disseram, é cego. Entretanto, ele é uma peça insidiosa de má observação; o costume não é cego, apenas ele é "cego como um morcego". Qualquer um que tenha estudado uma tradição de comportamento costumeiro (ou uma tradição de qualquer outro tipo) sabe que tanto a rigidez quanto a instabilidade são estranhas a seu caráter. E, em segundo lugar, essa forma de vida moral é capaz de mudar, assim como variar de lugar. De fato, nenhuma maneira de comportamento tradicional, nenhuma habilidade tradicional, fica sempre fixa; sua história é de contínua mudança.[17]

---

17 Oakeshott, The Tower of Babel, *Cambridge Journal*, v.2, p.67-83, 1948-1949.

A ideia de uma ciência social e sua relação com a filosofia

Entretanto, a questão entre nós não é meramente verbal. Enquanto Oakeshott afirma que o tipo de mudança e adaptabilidade da qual ele fala aqui ocorre independentemente de quaisquer princípios reflexivos, eu digo que *a possibilidade* de reflexão é essencial para aquele tipo de adaptabilidade. Sem essa possibilidade, nós não estamos tratando do comportamento significativo, mas de algo que é tanto uma mera resposta aos estímulos quanto a manifestação de um hábito realmente automático. Não quero dizer com isso que o comportamento significativo é simplesmente pôr em prática princípios reflexivos preexistentes; tais princípios crescem no curso da conduta e são apenas inteligíveis em relação à conduta da qual eles surgem. Mas, igualmente, a natureza da conduta da qual emergem pode apenas ser compreendida como a concretização desses princípios. A noção de um princípio (ou máxima) de conduta e a noção de ação significativa são *entrelaçadas*, de forma muito semelhante ao que Wittgenstein disse sobre a noção de uma regra e a noção "do mesmo".

Para ver isso, vamos considerar uma das coisas que Oakeshott diz sobre o contraste entre as duas supostas formas de moralidade. Ele diz que dilemas como "O que devo fazer aqui?" provavelmente emergem apenas para alguém que, de forma consciente, tenta seguir explicitamente regras formuladas, não para alguém que segue de forma irrefletida um modo habitual de comportamento. Ora, deve ser verdade que, como alega Oakeshott, a necessidade de tal reflexão é provavelmente mais frequente e premente para alguém que está tentando seguir uma regra explícita sem a base da experiência cotidiana na sua aplicação. Mas questões de interpretação e coerência, ou seja, questões de *reflexão*, vão surgir para alguém que tenha de enfrentar uma situação estranha à sua experiência prévia. Em um ambiente social que muda rapidamente, tais problemas surgirão frequentemente, não apenas porque os modos costumeiros tradicionais de comportamento foram rompidos, mas por causa da novidade das situações nas quais esses modos de comportamento se desenvolvem. Certamente, a cadeia resultante deve *conduzir* ao colapso das tradições.

Oakeshott diz que o dilema da moral ocidental é que "nossa vida moral tornou-se dominada pela busca de ideais, um domínio prejudicial para um modo estabelecido de comportamento".[18] Mas o que é prejudicial para um modo estabelecido de comportamento, qualquer que seja o tipo, é um meio instável. O único modo de vida que pode ser submetido a um desenvolvimento significativo em resposta a mudanças ambientais é o que contém em si os meios de definir a significância do comportamento que ele prescreve. Os hábitos também podem certamente se modificar em resposta à mudança de condições. Mas a história humana não é apenas um relato de mudança de hábitos: é a história de como os homens tentaram trazer o que eles consideram importante em seus modos de comportamento para as novas situações que precisam enfrentar.

A atitude de Oakeshott quanto à reflexividade é, de fato, incompatível com um ponto muito importante que ele afirma no início da discussão. Ele diz que a vida moral é a "conduta para a qual há alternativa". Ora, embora seja verdade que essa "alternativa" não necessita estar conscientemente diante da mente do agente, isso deve ser algo que *possa* ser trazido à sua mente. Essa condição é preenchida apenas se o agente puder defender o que

---

18 Ibid.

A ideia de uma ciência social e sua relação com a filosofia

ele fez contra a alegação de que deveria ter feito algo diferente. Ou, ao menos, ele deve ser capaz de *entender* o que teria sido agir de forma diferente. O cão que balança o açúcar em seu focinho em resposta ao comando de seu dono não tem concepção do que seria responder de forma diferente (porque não tem *ideia* nenhuma do que está fazendo). Logo, não há alternativa para o que ele faz; ele apenas responde ao estímulo apropriado. Um homem honesto pode se conter de roubar dinheiro, embora pudesse fazê-lo facilmente e necessitasse muito; o pensamento de agir de outra forma não precisa nunca lhe ocorrer. Entretanto, ele tem a alternativa de agir de forma diferente porque entende a situação em que está e a natureza do que está fazendo (ou se contendo para não fazer). Compreender algo envolve também compreender o contraditório: eu compreendo o que é agir honestamente na medida, e não mais que isso, em que compreendo o que não é agir honestamente. Isso é porque a conduta, que é o produto da compreensão, e apenas ela, é a conduta para a qual há uma alternativa.

3
Os estudos sociais como ciência

1. A *Lógica das ciências morais* de J. S. Mill

Procurei mostrar no capítulo anterior como a visão da filosofia apresentada no Capítulo 1 conduz à discussão da natureza das atividades humanas na sociedade. Quero agora considerar algumas das dificuldades que emergem se tentarmos embasar nossa compreensão das sociedades nos métodos das ciências naturais. Começo com John Stuart Mill por duas razões: primeiro, porque Mill afirma de forma natural uma posição que subjaz aos pronunciamentos de uma grande proporção de cientistas sociais contemporâneos, mesmo que eles não tornem isso explícito; segundo, porque algumas interpretações mais sofisticadas dos estudos sociais como ciência, as quais examinarei mais adiante, podem ser mais bem entendidas como tentativas para remediar alguns dos mais óbvios defeitos da posição de Mill (embora eu não queira sugerir que isso represente a gênese histórica real de tais ideias).

Mill, como muitos de seus contemporâneos, considerava o estado das "ciências morais" uma "mancha no rosto da ciência". A forma de removê-la era generalizar os métodos usados naqueles tópicos "nos quais os resultados obtidos tinham finalmente recebido a aprovação de todos que tinham assistido à prova.[1] Por essa razão, considerou a filosofia dos estudos sociais apenas como um ramo da filosofia da ciência. "Os métodos de investigação aplicáveis à moral e à ciência social já devem ter sido descritos, se tive sucesso em enumerar e caracterizar aquele da ciência em geral."[2] Isso implica que, apesar do título do Livro VI, "Um sistema da lógica", Mill não acredita realmente que exista uma "lógica das ciências morais". A lógica é a mesma de qualquer outra ciência, e tudo que deve ser feito é elucidar certas dificuldades que emergem na sua aplicação aos tópicos singulares estudados nas ciências morais.

Essa é a tarefa à qual a parte principal da discussão de Mill é dirigida. Quero examinar aqui mais que a validade da tese que sua discussão assume como verdadeira. Para compreendê-la, precisamos nos referir à concepção de Mill sobre a investigação científica em geral, que está baseada nas ideias de Hume sobre a natureza da causação.[3] Dizer que A é a causa de B não é afirmar a existência de algum nexo inteligível (ou misterioso) entre A e B, mas dizer que a sequência temporal de A e B é um exemplo de uma generalização para o efeito de eventos como A serem sempre, segundo nossa experiência, seguidos por eventos como B.

---

1 Mill, *A System of Logic*, Lv.VI, Cap.I.

2 Ibid.

3 Ver Hume, *Enquiry Concerning Human Understanding*, Seç.IV-VII; e Mill, *A System of Logic*, Lv.II.

A ideia de uma ciência social e sua relação com a filosofia

Se a investigação científica consiste em estabelecer sequências causais, então decorre que devemos ter uma investigação científica para cada tópico sobre o qual é possível estabelecer generalizações. De fato, Mill vai além: "Quaisquer fatos são adequados, em si mesmos, para serem um tópico da ciência, que seguem um outro de acordo com as leis constantes; embora essas leis possam não ter sido descobertas, nem mesmo são descobríveis com nosso recursos existentes".[4] Ou seja, pode haver ciência onde quer que haja uniformidade; e pode haver uniformidade mesmo que não as tenhamos ainda descoberto e não estejamos em posição de descobrir e formular generalizações.

Mill cita o estado contemporâneo da meteorologia como um exemplo: todo mundo sabe que mudanças nas condições atmosféricas são sujeitas a regularidades; elas são, portanto, um tópico próprio para o estudo científico. Esse campo não tem se desenvolvido muito devido à "dificuldade de observar os fatos dos quais os fenômenos dependem". A teoria das marés está em um estado um pouco melhor pelo fato de os cientistas terem descoberto fenômenos dos quais os movimentos das marés dependem em geral, mas eles não são capazes de predizer exatamente o que aconteceria em circunstâncias específicas devido à complexidade das condições locais no contexto em que os efeitos gravitacionais da Lua operam.[5]

Mill supõe que a "ciência da natureza humana" poderia ao menos ser desenvolvida no nível da teoria das marés. Devido à complexidade das variáveis, podemos ser incapazes de fa-

---

4 Mill, *A System of Logic*, Lv.VI, Cap.III.
5 Ibid.

zer mais do que generalizações estatísticas sobre o resultado provável de situações sociais. "As agências que determinam o caráter humano são tão numerosas e diversificadas... que no agregado nunca são exatamente similares em dois casos". Contudo,

> uma generalização aproximada em pesquisas sociais é equivalente, para objetivos mais práticos, a uma generalização exata; a qual é apenas provável quando afirmada quanto a seres humanos individuais indiscriminadamente selecionados, e é certa quando afirmada em relação ao caráter e à conduta coletiva das massas.[6]

Assim como a irregularidade das marés em diferentes partes do globo não significa que não haja leis regulares governando-as, o mesmo ocorre no caso do comportamento humano. As divergências individuais devem ser explicadas pela operação das leis em situações individuais altamente diversificadas. Dessa forma, em última análise, generalizações estatísticas mais amplas não são suficientes: elas devem estar "conectadas dedutivamente com as leis da natureza da qual resultam". Essas leis definitivas da natureza são as "leis da mente" discutidas no Capítulo IV da *Lógica*; elas diferem das *"leis empíricas"* não em espécie, mas em seu grau muito maior de generalidade e exatidão. Como todas as leis científicas, elas são afirmações de uniformidade, ou seja, "uniformidade de sucessão entre estados da mente". Mill levanta a questão de se estes estados da mente poderiam ser separados em uniformidade de sucessão entre estados fisiológicos e estados da mente, e conclui que,

---

6 Ibid.

A ideia de uma ciência social e sua relação com a filosofia

embora um dia possa ser possível consegui-lo em um grau significativo, isso não invalida a possibilidade de estabelecer leis psicológicas autônomas que não dependam da fisiologia.

A "etologia, ou a ciência do desenvolvimento do caráter" pode ser baseada em nosso conhecimento das leis da mente.[7] Ela compreende o estudo do desenvolvimento mental humano, o qual Mill concebe como resultado da operação das leis gerais da mente nas circunstâncias individuais de seres humanos específicos. Por esse motivo, ele considera a etologia como "inteiramente dedutiva", em oposição à psicologia, que é observacional e experimental.

> As leis da formação de caráter são... leis derivativas, resultam de leis gerais da mente e são obtidas pela sua dedução dessas leis gerais, tomando qualquer conjunto dado de circunstâncias, e considerando, então, qual será, segundo as leis da mente, a influência dessas circunstâncias sobre a formação do caráter.[8]

A etologia está relacionada à psicologia, assim como a mecânica à física teórica; seus princípios são *"axiomata media"*, de um lado, derivados das leis gerais da mente, e de outro, conduzindo às "leis empíricas resultantes de simples observação".

A descoberta dessas leis empíricas de nível mais baixo é a tarefa do historiador. O cientista social tem como objetivo explicar as leis empíricas da história mostrando como elas decorrem, inicialmente, das *axiomata media* da etologia e, finalmente, das leis gerais da psicologia. Isso leva Mill à sua concep-

---

7 Ibid., Lv.VI, Cap.IV.
8 Ibid.

ção de "método inverso dedutivo". Circunstâncias históricas são tão excessivamente complexas, devido ao efeito cumulativo da "influência exercida sobre cada geração pelas gerações que a precederam",[9] que ninguém pode esperar obter um conhecimento suficientemente detalhado de qualquer situação histórica específica para predizer seu resultado. Dessa forma, tratando com desenvolvimentos históricos em larga escala, o cientista social deve, em sua maior parte, esperar e ver o que acontece, formular os resultados de suas observações em "leis empíricas da sociedade" e, finalmente, "conectá-las às leis da natureza humana, por meio de deduções, mostrando que tais eram as leis derivativas naturalmente esperadas como consequências daquelas últimas".[10]

Karl Popper apontou alguns dos equívocos nessa concepção das ciências sociais. Em particular, criticou o que Mill chama "psicologismo": a doutrina de que o desenvolvimento de uma situação social em uma outra situação pode, em última instância, ser explicada pela psicologia individual. Ele também mostrou as confusões envolvidas na descrição dos achados da história como "*leis* empíricas da sociedade", e não como afirmações de *tendências*.[11] Aqui, quero focalizar alguns dos outros elementos da visão de Mill; e espero, portanto, ser capaz de mostrar que a concepção de Mill dos estudos sociais está aberta a objeções muito mais radicais até do que aquelas que Popper levantou.

---

9 Ibid., Lv.VI, Cap.X.

10 Ibid.

11 Ver Popper, *The Open Society and its Enemies*, Cap.14; e *The Poverty of Historicism*, Seç.27.

A ideia de uma ciência social e sua relação com a filosofia

2. Diferenças em grau e diferenças em espécie

Mill considera todas as explicações como fundamentalmente da mesma estrutura lógica, e essa concepção é a base de sua crença de que não há diferença lógica fundamental entre os princípios segundo os quais explicamos mudanças naturais e aqueles segundo os quais explicamos mudanças sociais. É uma necessária consequência disso que as questões metodológicas concernentes às ciências morais deveriam ser vistas como *empíricas*: uma atitude envolvendo uma atitude cética para a questão do que pode ser alcançado pelas ciências sociais e excluindo, incidentalmente, o filósofo do cenário.

Mas a questão não é totalmente empírica: ela é *conceitual*. Não é uma questão do que a pesquisa empírica pode mostrar ser o caso, mas o que a análise filosófica revela sobre *o que faz sentido dizer*. Quero mostrar que a noção de sociedade humana envolve um esquema de conceitos que são logicamente incompatíveis com os tipos de explicação oferecidos nas ciências naturais.

Tanto a força retórica quanto a fraqueza lógica da posição de Mill giram em torno da expressão "apenas muito mais complicado". É verdade, como mostra sua linha de pensamento, que os seres humanos reagem de forma diferente das outras criaturas ao seu ambiente, mas a diferença é apenas de complexidade. Dessa forma, as uniformidades, embora mais difíceis para descobrir no caso dos humanos, certamente existem; e as generalizações que as expressam estão precisamente na mesma base lógica que quaisquer outras generalizações.

Ora, embora as reações humanas sejam muito mais complexas que aquelas dos outros seres, elas não são *apenas* muito mais complexas. Pois, o que é uma mudança no grau de complexidade de um ponto de vista, de outro é uma diferença em espécie: os conceitos que aplicamos ao comportamento mais complexo são logicamente diferentes daqueles que aplicamos aos menos complexos. Esse é um exemplo de algo como a "lei da transformação da quantidade em qualidade" de Hegel, que mencionei em conexão com Ayer no primeiro capítulo. Infelizmente, a explicação de Hegel sobre isso, assim como a interpretação de Engels sobre Hegel, comete um erro análogo ao de Mill, falhando em distinguir mudanças físicas de mudanças conceituais. Elas incluem, como exemplos do sempre mesmo e único princípio, a abrupta mudança da água em gelo seguindo uma série de mudanças quantitativas uniformes de temperatura e a mudança qualitativa de hirsutez para a calvície, decorrendo de uma série de mudanças quantitativas uniformes no número de cabelos.[12]

A quantos graus é preciso reduzir a temperatura de um balde de água para que ele congele? – A resposta a isso deve ser dada de forma experimental. Quantos grãos de trigo são necessários para se obter uma grande quantidade? – Isso não pode ser respondido por meio de experimento porque os critérios pelos quais distinguimos uma grande quantidade de uma outra quantidade são vagos em comparação com aqueles com os quais distinguimos a água do gelo: não há uma linha divisória rígida. Também não há, como menciona Acton, uma linha divisória rígida entre o que está e o que não está vivo: mas isso não

---

12 Ver Acton, *The Illusion of the Epoch*, Cap.II, Seç.7. Para uma aplicação detalhada do princípio a um problema sociológico específico, ver Renner, *The Institutions of Private Law and their Social Function*, *passim*.

A ideia de uma ciência social e sua relação com a filosofia

faz que a diferença entre a vida e a não vida seja uma diferença "meramente de grau". Acton diz que "o ponto no qual desenhamos a linha é aquele que escolhemos, e não aquele que os fatos impõem de forma inequívoca". Mas, embora possa haver uma escolha em casos que estão na linha divisória, em outros casos não há: não cabe a mim ou a outra pessoa *decidir* se eu, enquanto escrevo essas palavras, estou vivo ou não.

A reação de um gato que está seriamente machucado é "muito mais complexa" do que a de uma árvore que está sendo cortada. Mas é realmente inteligível dizer que isso é apenas uma diferença de grau? Dizemos que o gato se "contorce". Suponhamos que eu descreva seus movimentos muito complexos em termos puramente mecânicos, utilizando um conjunto de coordenadas de tempo e espaço. De certa forma, isso é uma descrição do que está ocorrendo, tanto quanto o é a afirmação de que o gato se contorce de dor. Mas uma afirmação não pode ser substituída por outra. A afirmação que inclui o conceito de contorcer diz algo de que nenhum outro tipo de afirmação, mesmo que detalhada, pode mesmo aproximar-se. O conceito de contorcer pertence a uma estrutura muito diferente do conceito de movimento em termos de coordenadas de tempo e espaço; e é o primeiro, mais que o segundo, que é apropriado para a concepção do gato como uma criatura animada. Alguém que pensasse que um estudo da mecânica do movimento de criaturas animadas tornaria claro o conceito de vida animada seria vítima de um equívoco conceitual.

Considerações semelhantes se aplicam à minha comparação anterior entre as reações de um cachorro que aprendeu um truque e aquelas do homem que aprendeu uma regra de linguagem. Certamente esse último caso é muito mais complexo, mas o que é mais importante é a diferença lógica entre os conceitos que são aplicáveis. Enquanto o homem aprende a entender a regra, o cão apenas aprende a reagir de certa maneira. A diferença entre esses conceitos *decorre, mas não pode ser explicada pela* diferença na complexidade das reações. Como indicado na discussão anterior, o conceito de compreensão está enraizado em um contexto social do qual o cão não participa como o faz o homem.

Alguns cientistas sociais têm reconhecido a diferença conceitual entre nossas frequentemente aceitas descrições e explicações de processos naturais e sociais, respectivamente, mas têm argumentado que o cientista social não necessita aderir a essa estrutura conceitual não científica; que ele tem liberdade para moldar tais conceitos conforme sua utilidade para o tipo de investigação que está conduzindo. Vou considerar algumas das falácias dessa linha de pensamento no próximo capítulo, mas Mill não a acompanha. Ele assume a legitimidade científica da descrição do comportamento humano em termos que são correntes no discurso cotidiano. As leis da mente são generalizações causais de alto nível que estabelecem sequências invariáveis entre "pensamento, emoções, volições e sensações".[13] E seu argumento contra o libertarismo no Capítulo II é baseado nos termos de categorias convencionais como "caráter e disposição", "motivos", "proposições", "esforços", e assim por diante. Discutirei a seguir a tentativa de interpretar explanações de comportamento nos termos baseados em generalizações do tipo causal.

---

13 Mill, *A System of Logic*, Lv.VI, Cap.IV.

A ideia de uma ciência social e sua relação com a filosofia

3. Motivos e causas

Não cabe simplesmente qualificar Mill como um antediluviano, pois sua abordagem é utilizada ainda na atualidade, como pode ser visto no estudo da discussão de motivos do proeminente livro de psicologia social de T. M. Newcomb.[14] Newcomb concorda com Mill ao considerar as explicações de ações nos termos de motivos de agentes como uma espécie de explicação causal; mas difere dele ao considerar motivos mais como estados fisiológicos do que estados psicológicos. Um motivo é "um estado do organismo no qual a energia do corpo está mobilizada e seletivamente dirigida para parte do ambiente". Newcomb também fala de "impulsos": "estados do corpo sentidos como inquietações, que iniciam tendências à atividade". É claro que um modelo mecânico está em funcionamento aqui: é como se as ações de um homem fossem como o comportamento de um relógio, onde a energia contida na corda tensionada é transmitida através do mecanismo, de forma a provocar a rotação regular dos ponteiros.

Por que Newcomb abandona a cautela de Mill em admitir a afirmação de Comte de que a explicação nos termos dos motivos deveria ser redutível a explicações fisiológicas? É porque os estados fisiológicos, antes problemáticos, foram agora identificados? De forma alguma, como diz Newcomb, "nada parecido com um motivo foi visto alguma vez por um psicólogo". Não, a identificação de motivos com "estados do organismo" é como a ação de um homem se afogando segurando um fio de palha. Newcomb considera a si próprio forçado a essa con-

---

14 Newcomb, *Social Psychology*, Cap.II.

clusão pela inaceitabilidade das únicas alternativas que pode vislumbrar, isto é, "que motivos são ficções da imaginação do psicólogo", ou ainda, que o motivo atribuído a uma sequência de comportamento é simplesmente um sinônimo daquele próprio comportamento.

Ele também imagina que há uma evidência convincente e positiva, embora necessariamente circunstancial. "Primeiro, uma sequência de comportamento pode mostrar graus variados de força, ou intensidade, enquanto sua direção permanece mais ou menos constante." "A única forma de explicar tais fatos é assumir que um motivo corresponde a um estado real do organismo." Newcomb pondera as escalas colocando peso a seu favor, apoiando-se amplamente em exemplos que envolvem, é claro, impulsos como a fome, a sede e o sexo, e apelando principalmente a experimentos com *animais* (para cujo comportamento o conceito de motivo não é, obviamente, apropriado), ele assegura que apenas os aspectos fisiológicos desses impulsos devem ser levados em conta. Mas seria inteligente tentar explicar como o amor de Romeu por Julieta se inscreve em seu comportamento nos mesmos termos que procuramos aplicar ao rato, cuja excitação sexual o faz correr através de uma grade eletrificada para alcançar seu par? Shakespeare não faz isso muito melhor?

Além disso, a menos que, e até que "o estado real do organismo" seja realmente identificado e correlacionado com o modo apropriado de comportamento, esse tipo de explicação é tão vazio quanto aqueles que Newcomb rejeita. E os fatos que ele apresenta certamente não constituem *evidência* para a conclusão desejada; o máximo que se pode dizer é que, se houver boas razões independentes para considerar motivos como estados

A ideia de uma ciência social e sua relação com a filosofia

do corpo, esses fatos não seriam incompatíveis com tal ponto de vista. Isso é particularmente óbvio em relação à "evidência experimental", para a qual Newcomb apela, proporcionada por Zeigarnik em 1927. Nesses experimentos, foi dado a um conjunto de pessoas uma série de vinte tarefas e lhes foi dito que havia um limite de tempo estrito (embora não especificado) para cada tarefa. Mas para cada indivíduo só foi permitido completar metade das tarefas alocadas, independentemente do tempo tomado, dando a entender que seu tempo havia expirado. Posteriormente, viu-se que os indivíduos estavam inclinados a lembrar mais imediatamente da natureza das tarefas incompletas do que das outras, e a manifestar um desejo de que fosse permitido terminá-las. Newcomb comenta:

> Tal evidência sugere que a motivação envolve uma mobilização de energia destinada, como foi, para a realização de um objetivo específico. Os dados experimentais não forneceram a "prova" final para tal teoria, mas são consistentes com ela e difíceis de explicar de outra forma.[15]

Ora, essa evidência apenas "sugere" tal conclusão para alguém que está realmente disposto a acreditar nela; e a necessidade de qualquer explicação especial não é de fato óbvia. O comportamento observado por Zeigmark é perfeitamente inteligível nos termos que seguem: que o interesse dos indivíduos foi provocado, e que estavam irritados por não lhes ser permitido terminar algo que haviam começado. Se isso parece insuficientemente científico para alguém, ele deveria perguntar

---

15 Newcomb, *Social Psychology*, p.117.

Peter Winch

a si próprio o quanto foi somado à nossa compreensão pela forma de falar de Newcomb. De fato, há um argumento muito simples, embora convincente, contra a interpretação fisiológica dos motivos. Descobrir os motivos de uma ação intrigante *é* aumentar nossa compreensão daquela ação; isso é o que "compreender" significa quando aplicado ao comportamento humano. Mas isso é algo que descobrimos, de fato, sem qualquer conhecimento significativo sobre os estados fisiológicos das pessoas; portanto, nossas explicações de seus motivos podem nada ter a ver com seus estados fisiológicos. Não decorre disso, como receia Newcomb, que explanações de motivos são tanto meras tautologias quanto apelos às ficções da imaginação. Mas, antes de eu tentar dar uma descrição positiva do que elas envolvem, há mais alguns equívocos a serem removidos.

Como vimos, Mill rejeita a descrição fisiológica de motivos, mas ele ainda quer fazer das explanações de motivo uma espécie de explanação causal. A concepção que ele deseja advogar, embora isso não seja muito explícito, parece ser a seguinte. — Um motivo é uma ocorrência mental específica em um sentido cartesiano de "mental", o que implica que pertence totalmente ao domínio da consciência. Uma dor de dente, por exemplo, é mental nesse sentido, ao passo que a cavidade no dente que dá origem à dor é física. Faz sentido dizer que alguém tem uma cavidade em seu dente, da qual não tem consciência, mas não que ele tenha uma dor de dente da qual não tem consciência: "dor não sentida" é uma expressão contraditória. A questão entre Mill e Newcomb pode agora ser referida da seguinte forma: enquanto Newcomb quer assimilar motivos (dores de dente) em estados do organismo (cavidades nos dentes), Mill insiste que eles são diferentes e argumenta que está ainda para ser

A ideia de uma ciência social e sua relação com a filosofia

mostrado que a todo motivo (dor de dente) corresponde um tipo específico de estado orgânico (enfraquecimento dental). Mas o que podemos fazer, como argumenta Mill, é estudar a relação causal entre motivos, considerados eventos puramente conscientes, e as ações que eles provocam. Isso envolve observação cuidadosa de quais ocorrências mentais específicas são associadas com quais ações — assim como podemos descobrir que certos tipos de problemas no motor estão associados a um carburador sujo e outros se devem a um defeito nas velas de ignição.

A descrição de Mill adéqua-se moderadamente bem a certos tipos de fatos que podemos descobrir sobre nós mesmos. Por exemplo, posso associar certo tipo de dor de cabeça com um incipiente ataque de enxaqueca; toda vez que sinto aquele tipo de dor de cabeça, posso predizer que, dentro de uma hora, estarei deitado na cama com grande desconforto. Mas ninguém gostaria de chamar minha dor de cabeça de *motivo* da enxaqueca. — Tampouco, é claro, deveríamos chamar a dor de cabeça de *causa* da enxaqueca: mas isso levanta dificuldades gerais sobre a validade da descrição do método científico de Mill, para o que não há lugar para discussão aqui.

4. Motivos, disposições e razões

Gilbert Ryle argumenta, contra o tipo de descrição advogada por Mill, que falar dos motivos de uma pessoa não é falar de quaisquer eventos, tanto mentais quanto físicos, mas é referir-se às suas disposições gerais para agir de uma maneira ou de outra. "Explanar um ato como realizado a partir de um certo motivo não é análogo a dizer que o vidro quebrou porque uma pedra bateu nele, mas é análogo ao tipo de explanação bem diferente que afirma que o vidro quebrou quando a pedra bateu nele, porque o vidro era frágil."[16] Há um conjunto de objeções sobre isso. Em primeiro lugar, parece ser um perigo reduzir as explanações de motivos ao tipo de vazio temido por Newcomb (um ponto análogo é apresentado por Peter Geach).[17] Novamente, a descrição de Ryle mostra dificuldades quando atribuímos um motivo para um ato em total desacordo com o comportamento prévio experimentado pelo agente. Não há contradição ao dizer que alguém que nunca antes manifestou qualquer sinal de uma disposição ciumenta, em uma dada ocasião, age por ciúmes; de fato, é justamente quando alguém age de forma inesperada que a necessidade de uma explanação de motivo é especialmente aparente.

Mas, para o que proponho no momento, é mais importante observar que, embora a descrição de Ryle seja diferente da de Mill em muitos aspectos, não é tão diferente o suficiente. Uma afirmação de disposição, assim como uma afirmação causal, está baseada em generalizações sobre o que se observou ocorrer. Mas uma afirmação sobre os motivos de um agente não é isso: ela é mais bem compreendida como análoga à exposição das *razões* do agente para agir dessa maneira. Suponhamos que *N*, professor universitário, diz que vai cancelar as aulas da semana seguinte porque deseja viajar para Londres: aqui temos uma afirmação de intenção para a qual é dada uma razão. Ora, *N* não *infere* sua intenção de cancelar as aulas de seu desejo de ir a Londres, como o estilhaçamento iminente do vidro poderia

---

16 Ryle, *The Concept of Mind*, p.87.
17 Ver Geach, *Mental Acts*, p.5.

A ideia de uma ciência social e sua relação com a filosofia

ser inferido tanto do fato de alguém jogar uma pedra quanto da fragilidade do vidro. N não oferece sua razão como *evidência* para a solidez de sua predição sobre seu futuro comportamento.[18] Em vez disso, ele está *justificando* sua intenção. Sua afirmação não é do tipo: "tais e tais fatores causais estão presentes, logo haverá esse resultado"; nem é desta forma: "em vista de tais e tais considerações, isso será uma coisa razoável a fazer".

Isso me leva de volta ao argumento do Capítulo 2, Seção 2, que fornece uma maneira de corrigir a descrição de motivos de Ryle. Ele diz que uma afirmação sobre os motivos de alguém deve ser entendida como uma "proposição semelhante a uma lei", descrevendo a propensão do agente a agir de certas maneiras em certos tipos de ocasião.[19] Mas a "proposição semelhante a uma lei", nos termos da qual as razões de N devem ser entendidas, diz respeito não às disposições de N, mas aos padrões razoáveis de comportamento correntes na sua sociedade.

Os termos "razão" e "motivo" não são sinônimos. Seria absurdo, por exemplo, descrever a maior parte das imputações de motivos como "justificações"; imputar um motivo é mais frequentemente para condenar do que para justificar. Dizer, por exemplo, que N assassinou sua mulher por ciúmes certamente não é mesma coisa que dizer que ele agiu de forma razoável. Mas é dizer que seu ato foi *inteligível* dentro dos modos de comportamento que são familiares em nossa sociedade, e que ele estava governado por considerações próprias ao seu contexto. Esses dois aspectos da questão são interligados: pode-se agir "por considerações" apenas onde existem padrões aceitos do

---

18 Ver Wittgenstein, *Philosophical Investigations*, I, 629 *ss.*
19 Ryle, *The Concept of Mind*, p.89.

que é apropriado apelar. O comportamento de Troilo com relação a Criseida, no poema de Geoffrey Chaucer, é inteligível apenas no contexto das convenções do amor na corte. Compreender Troilo pressupõe compreender essas convenções, pois é delas que deriva o significado de seus atos.

Observei como a relação entre a intenção de N e sua razão para ela difere da relação entre uma predição e a evidência oferecida em seu apoio. Mas alguém que conheça bem N e suas circunstâncias, e que seja familiar ao tipo de consideração que ele está disposto a considerar como importante, pode, com base no seu conhecimento, predizer como ele provavelmente se comportará. "N tem um comportamento ciumento; se suas emoções nessa direção forem provocadas, ele provavelmente se tornará violento. Devo ter cuidado para não provocá-lo ainda mais." Aqui menciono os motivos de N como parte da evidência para minha predição de seu comportamento. Mas, embora isso seja possível, *dado que* já possuo o conceito de motivo, esse conceito não foi aprendido em primeiro lugar como parte de uma técnica para fazer predições (diferente do conceito de causa). Aprender o que é um motivo pertence ao aprendizado de padrões que governam a vida na sociedade na qual se vive; e isso, mais uma vez, pertence ao processo de aprendizado de viver como um ser social.

5. A investigação das regularidades

Um seguidor de Mill pode admitir que explicações do comportamento humano devem apelar não a generalizações causais sobre a reação do indivíduo a seu ambiente, mas ao nosso conhecimento das instituições e formas de vida que dão sentido

A ideia de uma ciência social e sua relação com a filosofia

a seus atos. Mas ele pode argumentar que isso não danifica os fundamentos da tese de Mill, uma vez que a compreensão das instituições sociais é ainda um caso de apreensão empírica de generalizações que estão logicamente na base com aquelas da ciência natural. Pois, afinal de contas, uma instituição é um certo tipo de uniformidade, e uma uniformidade pode apenas ser apreendida em uma generalização. Vou agora examinar esse argumento.

Uma regularidade ou uniformidade é a recorrência constante do mesmo tipo de evento no mesmo tipo de situação; portanto, afirmações sobre uniformidades pressupõem julgamentos de identidade. Mas isso nos leva diretamente de volta ao argumento do Capítulo I, Seção 8, segundo o qual critérios de identidade são necessariamente relativos a alguma regra: com o corolário de que dois eventos que contam como qualitativamente similares do ponto de vista de uma regra contariam como diferentes do ponto de vista de outra. Assim, investigar o tipo de regularidade estudada em um dado tipo de investigação é examinar a natureza da regra de acordo com a qual os julgamentos de identidade são feitos naquela investigação. Tais julgamentos são inteligíveis apenas relativamente a um dado modo de comportamento humano, governado por suas próprias regras.[20] Em uma ciência física, as regras relevantes são aquelas que governam os procedimentos de investigadores na ciência em questão. Por exemplo, alguém com nenhuma

---

20 Ver Hume, Introdução, *Tratado da natureza humana*: "É evidente que todas as ciências têm uma relação, maior ou menor, com a natureza humana; e que por mais que pareçam afastar-se, elas voltam por um caminho ou outro". A observação de Hume é mais uma lembrança da estreita relação entre o objeto desta monografia e um dos mais persistentes e dominantes *motivos* na história da filosofia moderna.

compreensão dos problemas e procedimentos da física nuclear nada ganharia por estar presente em um experimento como o de Cockroft-Walton de bombardeio de lítio pelo hidrogênio; de fato, a própria descrição do que ele viu nesses termos seria ininteligível para ele, uma vez que o termo "bombardeio" não carrega no contexto das atividades físico-nucleares o sentido que carrega em outros domínios. Para entender o que estava ocorrendo nesse experimento, ele deveria aprender a natureza do que os físicos fazem; e isso incluiria aprender os critérios segundo os quais eles realizam os julgamentos de identidade.

Essas regras, como todas as outras, baseiam-se em um contexto social de atividade comum. Então, para entender as atividades de um indivíduo que é investigador científico devemos ter ciência de dois conjuntos de relações: primeiro, sua relação com os fenômenos que ele investiga; segundo, sua relação com seus colegas cientistas. Ambas são essenciais para o sentido de dizer que ele está "detectando regularidades" ou "descobrindo uniformidades"; mas autores sobre "metodologia" científica muito frequentemente concentram-se na primeira e negligenciam a importância da segunda. Que elas pertencem a tipos diferentes é evidente a partir das seguintes considerações. Os fenômenos em investigação apresentam-se para o cientista como um *objeto* de estudo; ele os observa e nota certos fatos sobre eles. Mas dizer de um homem que ele faz isso pressupõe que ele já tem um modo de comunicação do qual as regras já estão sendo observadas. Pois notar algo é identificar características relevantes, o que significa que o observador deve ter algum *conceito* de tais características; isso é possível apenas se ele for capaz de usar algum símbolo segundo uma regra que faça referência a essas características. Dessa forma, voltamos

A ideia de uma ciência social e sua relação com a filosofia

para a sua relação com seus colegas cientistas, em cujo contexto apenas se pode dizer que ele está seguindo tal regra. Portanto, a relação entre *N* e seus colegas, em virtude do que dizemos que *N* está seguindo a mesma regra que eles, não pode ser simplesmente uma relação de observação: não pode consistir no fato de que *N* observou como seus colegas se comportavam e decidiu tomar isso como uma norma para seu próprio comportamento. Pois isso pressuporia que nós poderíamos dar alguma explicação da noção de "observar como seus colegas se comportavam" *separada da* relação entre *N* e seus colegas que estamos tentando especificar; e isso, como foi mostrado, não é verdadeiro. Para citar Rush Rhees: "Vemos que nos compreendemos um ao outro sem observar se nossas reações correspondem ou não umas às outras. *Porque* concordamos sobre nossas reações, é possível para mim dizer alguma coisa a você, e é possível a você me ensinar alguma coisa".[21]

No curso de sua investigação, o cientista aplica e desenvolve os conceitos pertinentes ao seu campo específico de estudo. Essa aplicação e modificação são "influenciadas" pelos fenômenos *para* os quais eles são aplicados e também pelos colegas de trabalho, *em participação com* os quais eles são aplicados. Mas os dois tipos de "influência" são diferentes. Enquanto é com base em sua observação dos fenômenos (no curso de seus experimentos) que ele desenvolve seus conceitos conforme ele a faz, ele é capaz de fazê-la apenas em virtude de sua participação em uma forma estabelecida de atividade com seus colegas cientistas. Quando falo de "participação" aqui, não estou ne-

---

21 Ayer; Rhees, Can There Be a Private Language?, *Proceedings of the Aristotelian Society*, Suppl. v.XXVIII, n.I, p.63-94, 1954.

cessariamente me referindo a qualquer conjunção física direta ou mesmo qualquer comunicação direta entre colegas participantes. O que é importante é que eles estão todos participando do mesmo tipo de atividade geral, que todos *aprenderam* de maneiras similares; que são, portanto, *capazes* de se comunicar uns com os outros sobre o que estão fazendo; que o que cada um deles está fazendo é, em princípio, inteligível para os outros.

6. Compreendendo as instituições sociais

A concepção de Mill é que compreender uma instituição social consiste em observar regularidades no comportamento de seus participantes e expressar essas regularidades na forma de generalizações. Ora, se a posição do investigador sociológico (no sentido amplo) pode ser considerada comparável, em seus principais elementos lógicos, com a posição do cientista natural, o caso deve ser o seguinte: os conceitos e critérios segundo os quais o sociólogo julga que, em duas situações, a mesma coisa acontece, ou a mesma ação se desenvolve, devem ser entendidos *em relação às regras que governam a investigação sociológica*. Mas aqui nos defrontamos com uma dificuldade, pois, enquanto no caso do cientista natural temos que tratar com apenas um conjunto de regras, especificamente aquelas que governam a própria investigação do cientista, aqui *o que o sociólogo está estudando*, assim como o estudo que ele realiza, é uma atividade humana e, portanto, é desenvolvida segundo regras. E são essas regras, em lugar daquelas, que governam a investigação do sociólogo, que especificam o que deve se considerar como "fazendo o mesmo tipo de coisa" em relação ao tipo de atividade estudada.

A ideia de uma ciência social e sua relação com a filosofia

Um exemplo pode tornar isso mais claro. Consideremos a parábola do fariseu e do publicano (Lucas, 18,9). Estava o fariseu que dizia "Deus, te dou graças porque não sou como os outros homens", fazendo o mesmo tipo de coisa que o publicano que rezava "Deus, tem misericórdia de mim, um pecador"? Para responder a essa questão, devemos iniciar considerando o que está envolvido na ideia de oração, e essa é uma questão *religiosa*. Em outras palavras, os critérios apropriados para decidir se as ações desses dois homens eram ou não do mesmo tipo pertencem à própria religião. Então, o sociólogo da religião será confrontado com uma resposta à questão: esses dois atos pertencem ao mesmo tipo de atividade?; e essa resposta é dada de acordo com critérios que não são tomados da sociologia, mas da própria religião.

Mas se os julgamentos de identidade – e, portanto, as generalizações – do sociólogo da religião baseiam-se nos critérios tomados da religião, então sua relação com os que praticam atividade religiosa não pode ser apenas a do observador para o observado. Em lugar disso, deve ser análoga à participação do cientista natural com seus colegas de trabalho nas atividades de investigação científica. Colocando o problema de forma geral, mesmo que seja legítimo dizer que a compreensão de um modo de atividade social consiste em um conhecimento de regularidades, a natureza desse conhecimento deve ser muito diferente da natureza do conhecimento das regularidades físicas. Assim, é totalmente equivocado em princípio comparar a atividade de um estudioso de uma forma de comportamento social com a atividade de, digamos, um engenheiro estudando o funcionamento de uma máquina. E não se avança nessa questão dizendo, como Mill, que a máquina estudada é por certo imensamente mais complicada que qualquer máquina física. Se vamos comparar o estudioso social com um engenheiro, faremos melhor se o compararmos com um aprendiz de engenheiro que está estudando do que se trata a engenharia – isto é, a atividade da engenharia. Sua compreensão dos fenômenos sociais é mais semelhante à compreensão do engenheiro das atividades de seus colegas do que a compreensão do engenheiro sobre os sistemas mecânicos que estuda.

Esse ponto é refletido nas considerações de senso comum, como as seguintes: que um historiador ou sociólogo da religião deve ele próprio ter algum sentimento religioso se quiser dar sentido ao movimento religioso que está estudando e compreender as considerações que governam a vida dos participantes. Um historiador da arte deve ter algum senso estético se quiser entender os problemas que confrontam os artistas de seu período; sem isso, ele terá retirado de sua descrição exatamente aquilo que a faria uma história da *arte*, em oposição às enigmáticas descrições externas de certos movimentos que algumas pessoas foram observadas atravessando.

Não desejo sustentar que devamos parar no tipo irrefletido de compreensão do qual dei como exemplo a compreensão pelo engenheiro das atividades de seus colegas. Mas eu realmente quero dizer que uma compreensão algo mais reflexiva, para que seja inteiramente genuína, deve necessariamente pressupor a compreensão irrefletida do participante. E isso, em si, torna equivocado compará-la com a compreensão do cientista natural de seus dados científicos. De forma similar, embora o estudioso reflexivo da sociedade, ou de um modo particular de vida social, possa considerar necessário usar conceitos que não são retirados das formas de atividade que está investigan-

A ideia de uma ciência social e sua relação com a filosofia

do, mas sim retirados do contexto de sua própria investigação, ainda assim esses seus conceitos técnicos implicarão uma compreensão prévia daqueles outros conceitos que pertencem às atividades sob investigação.

Por exemplo, a preferência por liquidez é um conceito técnico da economia: ele não é geralmente usado por homens de negócio na condução de seus assuntos, mas pelo economista que deseja *explicar* a natureza e as consequências de certos tipos de comportamento nos negócios. Mas ele está logicamente ligado aos conceitos que incorporam a atividade de negócios, pois seu uso pelo economista pressupõe sua compreensão do que é conduzir um negócio, o que, por sua vez, envolve uma compreensão de tais conceitos de negócios como dinheiro, lucro, custo, risco etc. É apenas a relação entre essa explicação e esses conceitos que a fazem uma explicação da atividade econômica em oposição, digamos, a um estudo de teologia.

Analisemos uma outra situação: um psicanalista pode explicar o comportamento neurótico de um paciente em termos de fatores desconhecidos ao paciente e de conceitos ininteligíveis para ele. Vamos supor que a explicação do psicanalista refere-se a eventos da primeira infância do paciente. Bem, a descrição desses eventos vai pressupor uma compreensão dos conceitos em cujos termos se conduz, por exemplo, a vida familiar em nossa sociedade, pois esses aspectos compõem, embora de forma rudimentar, as relações entre a criança e sua família. Um psicanalista que desejasse dar uma explicação sobre a etiologia das neuroses entre, digamos, os trobriandeses, não poderia apenas aplicar os conceitos desenvolvidos por Freud para situações que emergem em nossa própria sociedade, sem maior reflexão. Ele primeiro teria que investigar coisas como a ideia de paternidade entre os habitantes da ilha e levar em conta qualquer aspecto relevante no qual essa ideia fosse distinta daquela corrente em nossa sociedade. E é quase inevitável que tal investigação levasse a alguma modificação na teoria psicológica apropriada para explicar o comportamento neurótico nessa nova situação.

Essas considerações também fornecem alguma justificativa para o tipo de ceticismo histórico que o subestimado filósofo R. G. Collingwood expressa em *The Idea of History*.[22] Embora não seja necessário acentuar tais considerações quando se lida com situações de nossa própria sociedade ou em sociedades com cuja vida se tem razoável familiaridade, as implicações práticas tornam-se prementes quando o objeto de estudo é uma sociedade culturalmente remota daquela do investigador. Isso é importante para o peso que os idealistas dão a conceitos como "empatia" e "imaginação histórica" (sem negar que esses conceitos possuem dificuldades próprias). Isso está também conectado com outra de suas doutrinas características: que a compreensão da sociedade humana está estreitamente ligada às atividades do filósofo. Eu trouxe essa doutrina nos dois primeiros capítulos e voltarei a ela nos últimos dois.

7. A predição nos estudos sociais

Em minha discussão sobre Oakeshott no capítulo anterior, destaquei a importância do fato de que o comportamento voluntário é o comportamento para o qual há uma alternativa. Uma vez que compreender alguma coisa envolve compreender

---

22 Collingwood, *The Idea of History, passim.*

A ideia de uma ciência social e sua relação com a filosofia

seu contraditório, alguém que, com compreensão, pratica X, deve ser capaz de vislumbrar a possibilidade de fazer não X. Esta não é uma afirmação empírica, mas uma consideração sobre o que está envolvido no conceito de fazer algo com compreensão. Consideremos agora um observador, O, do comportamento de N. Se O quiser predizer como N vai agir, deve familiarizar-se com os conceitos nos termos dos quais N está vendo a situação; tendo feito isso, ele pode, a partir de seu conhecimento do caráter de N, ser capaz de predizer com grande confiança qual decisão N vai tomar. Mas as noções que O utiliza para fazer sua predição são compatíveis com a decisão de N em tomar uma decisão diferente daquela predita. Se isso ocorre, não necessariamente decorre que O cometeu um equívoco em seus cálculos, pois a questão importante sobre uma decisão é que um conjunto dado de "cálculos" pode levar a qualquer conjunto de resultados diferentes. Isso é totalmente diferente das predições nas ciências naturais, nas quais uma predição falsificada sempre implica algum tipo de erro por parte de quem prediz: dados falsos ou inadequados, erro de cálculo ou teoria deficiente.

O ponto seguinte pode esclarecer. Para compreender a natureza da decisão que N está confrontando, O deve ter consciência das regras que fornecem os critérios, especificando para N os aspectos relevantes dessa situação. Se conhecemos as regras que alguém está seguindo, podemos, em um número grande de casos, predizer o que ele fará em circunstâncias dadas. Por exemplo, se O sabe que N está seguindo a regra "começar com 0 e adicionar 2 até chegar a 1.000", ele pode predizer que, tendo registrado 104, N em seguida escreverá 106. Mas, algumas vezes, mesmo se O sabe com certeza a regra que está sendo seguida por *N*, ele não pode predizer com toda certeza o que *N* fará: especificamente quando a questão que surge é sobre *o que está envolvido* ao seguir aquela regra, por exemplo, em circunstâncias marcadamente distintas de qualquer outra em que tenha sido aplicada. A regra aqui não especifica determinado resultado para a situação, embora coloque limite no leque de alternativas possíveis; ela é determinada para o futuro pela escolha de uma dessas alternativas e a rejeição das outras — até o momento em que se torne necessário interpretar a regra à luz de novas condições.

Isso pode jogar alguma luz sobre o que está envolvido na ideia de uma tradição histórica em desenvolvimento. Como observei anteriormente, Mill considerou as tendências históricas como análogas às leis científicas e Popper desejou modificar essa concepção indicando que a afirmação de uma tendência, diferente da lei verdadeira, envolve uma referência a um conjunto de condições iniciais específicas. Agora, quero fazer outra modificação: mesmo dado um conjunto de condições iniciais, ainda não se é capaz de predizer nenhum resultado determinado para uma tendência histórica, porque a continuação ou a ruptura dessa tendência envolve decisões humanas que não são determinadas por suas condições antecedentes, no contexto das quais faz sentido chamá-las "decisões".

Duas palavras de cautela são necessárias em relação à minha última consideração. Não estou negando que é possível algumas vezes predizer decisões; apenas que a sua relação com a evidência na qual elas são baseadas é diferente das características das predições científicas. Não estou caindo na armadilha de dizer que tendências históricas são conscientemente desejadas e resultam da intenção de seus participantes; o ponto é

A ideia de uma ciência social e sua relação com a filosofia

que tais tendências são, em parte, o resultado das intenções e decisões de seus participantes.

O desenvolvimento de uma tradição histórica pode envolver deliberação, argumento, uma coleção de interpretações rivais, seguidos talvez pela adoção de algum compromisso acordado ou o aparecimento de escolas rivais. Consideremos, por exemplo, a relação entre a música de Haydn, Mozart e Beethoven; ou as escolas rivais de pensamento político que clamam, com alguma mostra de razão, serem baseadas na tradição marxista. Pensemos na interação entre a ortodoxia e a heresia no desenvolvimento da religião, ou a forma pela qual o jogo de futebol foi revolucionado pelo rapaz do rúgbi que pegou a bola e correu. Não teria sido certamente possível predizer aquela revolução pelo conhecimento do estado precedente do jogo, assim como não teria sido possível predizer a filosofia de Hume a partir das filosofias de seus predecessores. Pode ajudar aqui lembrar a resposta de Humphrey Lyttleton a alguém que lhe perguntou onde o jazz estava indo: "Se eu soubesse aonde ia o jazz, eu já estaria lá".

Maurice Cranston afirma, essencialmente, o mesmo ponto quando observa que predizer a escrita de uma poesia ou a elaboração de uma nova invenção envolveria escrever ele mesmo o poema ou realizar ele mesmo a invenção. E se alguém já tivesse realizado isso por si próprio, então é impossível predizer que alguém mais fará o poema ou descobrirá aquela invenção. "Ele não pode predizer porque não pode dizer que isso irá acontecer antes de acontecer."[23]

---

23 Cranston, *Freedom*: A New Analysis, p.166.

Peter Winch

Seria um erro, embora tentador, considerar isso como um jogo trivial de argumentos. Pode parecer que estamos tentando a tarefa impossível de colocar uma legislação *a priori* contra uma possibilidade puramente empírica. O que de fato está sendo mostrado, entretanto, é que os conceitos centrais que pertencem à nossa compreensão da vida social são incompatíveis com os conceitos centrais da atividade da predição científica. Quando falamos da possibilidade da predição científica de desenvolvimentos sociais desse tipo, nós literalmente não entendemos o que estamos dizendo. Não podemos entender porque não tem sentido.

4
A mente e a sociedade

1. Pareto: conduta lógica e não lógica

O que procurei mostrar no Capítulo 3 foi que as concepções segundo as quais normalmente pensamos os eventos sociais são logicamente incompatíveis com os conceitos pertencentes à explanação científica. Uma parte importante do argumento foi que aquelas concepções constituem a vida social em si e não meramente a descrição que o observador faz dela. Mas há uma poderosa corrente de pensamento que sustenta que as ideias dos participantes devem ser descartadas, dada a maior probabilidade de serem equivocadas e confusas. A essa corrente pertence, por exemplo, a citação de Durkheim no final do Capítulo 1. Proponho agora examinar a tentativa feita por Vilfredo Pareto, em *The Mind and Society* [título em inglês do *Tratatto di sociologia generale*], um título no qual o tradutor de Pareto, de forma muito admirável, capturou sua maior preocupação, mostrar empiricamente que as ideias que as pessoas têm, comportando-se como se comportam, influenciam a natureza e o resultado de seu comportamento muito menos fundamentalmente do que em geral se pensa; e que, portanto, o sociólogo deve desenvolver seus próprios conceitos *de novo* e dar menos atenção possível às ideias dos participantes. Meu exame está definido para salientar dois pontos principais: primeiro, que Pareto confunde o que é essencialmente uma questão filosófica com uma questão empírica, científica; segundo, que a conclusão de seu argumento é, de fato, falsa.

Pareto começa indagando o que está envolvido em uma abordagem científica à sociologia. Sua resposta é, *grosso modo*, que isso consiste em usar apenas conceitos que têm uma referência empírica estrita, em subordinar as teorias sempre de forma rigorosa ao controle da observação e do experimento, e em assegurar que as inferências sempre sigam a estrita lógica. Ele denomina isso de abordagem "lógico-experimental". Os dados do sociólogo são as ações dos seres humanos vivendo juntos, e dessas ações Pareto destaca, como algo que requer atenção, aquele comportamento que expressa um conteúdo intelectual.

> Em qualquer grupo dado de pessoas são correntes as inúmeras proposições descritivas, preceptivas ou de outro tipo... Tais proposições, combinadas por nexos lógicos ou pseudológicos e amplificadas com narrativas factuais de tipos variados, constituem teorias, teologias, cosmogonias, sistemas de metafísica, e assim por diante. Observadas de fora, sem considerar qualquer mérito intrínseco que possa ter sido atribuído por fé, todas essas proposições e teorias são fatos experimentais, e como fatos experimentais nós somos obrigados a considerá-las e examiná-las.[1]

---

1 Pareto, *The Mind and Society*, Seç. 7.

A ideia de uma ciência social e sua relação com a filosofia

Nosso interesse aqui está nas concepções de Pareto sobre como as proposições e teorias que as pessoas adotam estão relacionadas com seu outro comportamento. Como, por exemplo, as proposições da teologia cristã estão relacionadas às práticas dos ritos cristãos? Ora, Pareto corretamente aponta que essa questão é ambígua. Ela pode significar: essas teorias realmente constituem boas razões para as ações que elas se propõem justificar? Ou pode significar: o comportamento das pessoas é realmente governado pelas ideias que adotam da forma que afirmam, ou elas se comportariam da mesma forma mesmo se não adotassem mais tais ideias? Pareto entende que é função de uma sociologia "lógico-experimental" científica responder ambas as questões: com esse propósito, ele introduz duas importantes distinções: (i) a distinção entre a ação *lógica e não lógica*; (ii) a distinção entre *resíduos e derivações*.

(i) Está definida para esclarecer a questão sobre em que medida as teorias adotadas pelas pessoas realmente constituem boas razões para as ações que praticam.

Há ações que usam meios apropriados a fins e que vinculam logicamente meios e fins. Há outras ações em que essas características não estão presentes. Os dois tipos de conduta são muito diferentes conforme sejam considerados sob o seu aspecto objetivo ou subjetivo. Do ponto de vista subjetivo, aproximadamente todas as ações humanas pertencem à classe lógica. Aos olhos do marinheiro grego, sacrifícios feitos a Poseidon e o ato de remar eram igualmente meios lógicos de navegação... Vamos supor a aplicação do termo *ações lógicas* para ações que logicamente combinam meios a fins, não apenas do ponto de vista do sujeito que as pratica, mas do ponto de vista de outras pessoas que têm um conhecimento mais extenso — em outras palavras, para ações que são lógicas tanto subjetiva quanto objetivamente no sentido que acabamos de expor. As outras ações vamos chamar de *não lógicas* (em nenhum sentido é o mesmo que "ilógico").[2]

Uma ação lógica é então aquela que preenche as seguintes condições: (a) é considerada pelo agente como tendo um resultado e é praticada por ele com o propósito de alcançar aquele resultado; (b) tende realmente a produzir o resultado previsto pelo agente; (c) o agente possui (o que Pareto consideraria como) bons (isto é, "lógico-experimentais") fundamentos para a sua crença; (d) o fim buscado deve ser um fim empiricamente identificável. A diversidade desses critérios significa que uma ação pode também ser não lógica em uma variedade de formas diferentes, da qual as seguintes estão entre as mais importantes. Ela pode ser não lógica porque o agente não considera obter nenhum fim através dela; isso parece corresponder ao que Max Weber queria dizer com ações que são *wertrational*, ou orientadas por valores, em oposição a *zweckrational*, ou orientada por objetivos. Mas Pareto considera que essas ações são poucas e raras, pois "os seres humanos têm uma tendência muito conspícua em pintar sua conduta com um verniz da lógica".[3] (É interessante e importante que ele seja incapaz de conceber qualquer forma na qual uma ação possa ter a aparência de ser lógica, exceto nos termos da categoria de meios e fins.) Uma ação pode ser não lógica porque, embora o agente a

---

2 Ibid., Seç.150.
3 Ibid., Seç.154.

A ideia de uma ciência social e sua relação com a filosofia

pratique para um fim, ela alcança um fim totalmente diferente ou nenhum fim em absoluto. Isso pode ocorrer porque, como Pareto afirma, o fim previsto não é de fato um fim real, mas é "imaginário", porque "localizado fora do campo da observação e da experiência":[4] ele menciona muitas vezes a salvação da alma como um exemplo de um fim "imaginário" desse tipo. Ou é possível porque, embora o fim previsto seja um fim perfeitamente real, ele não é obtido da forma que o agente considera que é: a essa classe Pareto atribui as operações de magia[5] e também "certas medidas (como corte de salários) de empresários, trabalhando sob condições de livre concorrência".[6]

Ora, a inclusão de todos esses tipos de ação (e muitos mais além desses) dentro de uma única categoria está obviamente levantando sérias dificuldades. Gostaria de me concentrar em uma dessas dificuldades: a de esclarecer a distinção entre conduta "não lógica" e "ilógica". Na citação apresentada da Seção 150 da obra *The Mind and Society*, vimos que Pareto sustentava que elas não são "de modo algum a mesma coisa"; e ele afirma o mesmo ponto quando escreve, muito mais tarde, que "um erro em engenharia não é uma ação não lógica".[7] Contudo, Pareto sustenta que o erro de um empresário em livre concorrência, que pensa que cortando salários de seus empregados vai aumentar seu lucro é uma ação não lógica. Como um erro em engenharia difere de maneira relevante daquele do empresário (cuja ideia, segundo Pareto, pode não mais ser um erro

---

4 Ibid., Seç.151.
5 Ibid., Seç.160.
6 Ibid., Seç.159.
7 Ibid., Seç.327.

em condições de monopólio)? E o erro do empresário é realmente comparável à prática de um rito de magia? Certamente devemos antes compará-lo ao *erro* em um ritual de magia. O erro do empresário é um ato particular (do qual pode haver um número grande de exemplos similares) dentro da *categoria* de comportamento empresarial; mas operações mágicas em si *constituem* uma categoria de comportamento. Magia, em uma sociedade em que ocorre, tem um papel próprio peculiar e é conduzida de acordo com suas próprias considerações. O mesmo é verdadeiro para a atividade empresarial, mas não é verdadeiro para o tipo de atividade empresarial *mal conduzida* a que Pareto se refere, pois isso apenas pode ser entendido em referência aos fins e à natureza da atividade empresarial em geral. Por outro lado, procurar entender a magia em referência aos fins e à natureza da atividade científica, como faz Pareto, será necessariamente *não* a compreender.

A distinção entre uma categoria geral de ação – um modo de vida social – e um tipo particular de ato pertencente a essa categoria é de central importância para a distinção entre comportamento não lógico e ilógico. Um ato presumivelmente ilógico envolve um *equívoco* em lógica, mas chamar alguma coisa de não lógica seria negar absolutamente que o critério da lógica aplica-se a ela. Ou seja, não faz sentido dizer da conduta não lógica que ela é lógica ou ilógica, assim como não faz sentido dizer que alguma coisa não espacial (como a virtude) é grande ou pequena. Mas Pareto segue as implicações desse ponto. Por exemplo, ele procura usar a expressão "não lógico" em um sentido logicamente pejorativo, o que seria como concluir que, se a virtude não é grande, então deve ser pequena. Uma grande parte do problema aqui emerge do fato de que ele não viu o ponto em torno do qual o principal argumento desta monografia se desenvolve: que critérios da lógica não são uma dádiva direta de Deus, mas emergem e apenas são inteligíveis no contexto de formas de vida ou modos de vida social. Disso segue-se que não se podem aplicar critérios de lógica aos modos de vida social como tais. Por exemplo, a ciência é um modo de vida e a religião é outro, e cada um tem critérios de inteligibilidade peculiares a si próprios. Dessa forma, dentro da ciência ou da religião, as ações podem ser lógicas ou ilógicas: na ciência, por exemplo, seria ilógico recusar se submeter aos resultados de um experimento apropriadamente realizado; em religião, seria ilógico supor que alguém oporia sua própria força contra a de Deus, e assim por diante. Mas não podemos razoavelmente dizer que as práticas da ciência ou a da religião são lógicas quanto ilógicas, pois ambas são não lógicas (isto é, certamente, uma supersimplificação, porque não está considerando o caráter sobreposto dos diferentes modos de vida social. Alguém pode ter, por exemplo, razões religiosas para devotar sua vida à ciência. Mas não considero que isso afete a substância do que quero dizer, embora torne sua precisa expressão em detalhe mais complicada). O que Pareto procura dizer é que a ciência em si é uma forma de comportamento lógico (de fato, *a* forma *por excelência* de tal comportamento), enquanto a religião é não lógica (em um sentido logicamente pejorativo). E isso, como procurei mostrar, não é permissível.

Há ainda uma fonte mais profunda para a falha de Pareto em distinguir adequadamente entre o "não lógico" e o "ilógico"; ela está relacionada com sua crença de que a forma apropriada de produzir uma teoria completamente descomprometida e imparcial do funcionamento das sociedades humanas é ser governado unicamente por critérios "lógico-experimentais", que ele concebe como análogos ao que considera ser a prática das ciências naturais. Desse ponto de vista, ele está clara e totalmente justificado em avaliar teorias rivais *sobre* a existência social (isto é, teorias *sociológicas* alternativas) em referência a esses critérios. Mas está constantemente tentando fazer mais que isso: avaliar, em referência ao mesmo critério, as ideias e as teorias que pertencem ao tema que está estudando. Mas isso o envolve em uma confusão fundamental: a de tomar partido exatamente do modo que a aplicação da técnica lógico-experimental deveria evitar. O embaraço em que ele está então colocado ilustra o que eu quis enfatizar ao sustentar que o tipo de problema com o qual ele está preocupado pertence mais propriamente à filosofia do que à ciência. Isso tem relação com o sentido peculiar de que a filosofia é uma investigação *descompromissada*. Observei no primeiro capítulo como a filosofia está interessada em elucidar e comparar os modos pelos quais o mundo se torna inteligível em diferentes disciplinas intelectuais, e como isso leva à elucidação e comparação de diferentes formas de vida. O descompromisso da filosofia emerge aqui no fato de que está igualmente empenhada em elucidar sua própria descrição das coisas; o interesse da filosofia com seu próprio ser não é uma doentia aberração narcisista, mas uma parte essencial do que ela está tentando fazer. Ao realizar essa tarefa, o filósofo estará particularmente alerta para diminuir as pretensões de qualquer forma de investigação de se consagrar como a essência da inteligibilidade como tal e de possuir a chave da realidade. Ligada à compreensão de que a inteligibilidade assume muitas e variadas formas está a compreensão de que a realidade não tem

A ideia de uma ciência social e sua relação com a filosofia

chave. Mas Pareto está exatamente cometendo esse erro: sua maneira de discutir a distinção entre a conduta lógica e não lógica envolve definir a inteligibilidade científica (ou melhor, sua ideia errada sobre ela) como a norma para a inteligibilidade em geral. Ele afirma que a ciência possui a chave para a realidade.

A ciência, diferentemente da filosofia, está envolvida em sua própria forma de tornar as coisas inteligíveis, excluindo todas as outras formas. Ou melhor, aplica seu critério inconscientemente, pois ser consciente sobre tal assunto *é* ser filosófico. Essa não consciência não filosófica é, em grande parte, correta e própria da investigação da natureza (exceto em tempos difíceis como aqueles passados por Einstein antes da formulação da teoria especial da relatividade), mas é desastrosa na investigação da sociedade humana, cuja natureza é consistir em modos de vida diferentes e concorrentes, cada um oferecendo uma descrição diferente da inteligibilidade das coisas. Tomar uma visão descompromissada de tais concepções concorrentes é, singularmente, a tarefa da filosofia; não é seu negócio premiar a ciência, a religião ou algo mais. Não é seu negócio advogar qualquer *Weltanschauung* (no modo em que Pareto oferece de forma inconsistente, uma *Weltanschauung* pseudocientífica). Nas palavras de Wittgenstein, "a filosofia deixa tudo como está".

Nessa relação, cabe recordar a afirmação de Collingwood de que algumas descrições das práticas mágicas em sociedades primitivas oferecidas por antropólogos "científicos" frequentemente mascaram "uma conspiração meio consciente para ridicularizar e menosprezar civilizações diferentes das nossas".[8]

---

8 Collingwood, *The Principles of Art*, Lv.I, Cap.IV.

Um exemplo clássico desse uso corrupto da "objetividade científica" é encontrado em *Knowledge for What?*, de R. S. Lynd.[9] As confusões filosóficas no argumento de Lynd ficarão evidentes a qualquer um que tenha acompanhado a argumentação desta monografia.

2. Pareto: resíduos e derivações

Para desenvolver ainda mais esse ponto, trato agora da segunda distinção de Pareto: entre *resíduos* e *derivações*. Essa distinção deve desempenhar duas funções. Em primeiro lugar, deve fornecer aspectos *recorrentes* na nossa observação das sociedades humanas, que serão um tema adequado à generalização científica. Pareto argumentou que, se observarmos a ampla variedade de diferentes sociedades em diferentes períodos históricos, vamos nos surpreender com o fato de que, enquanto certos tipos de conduta ocorrem de forma repetida com muito pouca variação, outros tipos são muito instáveis, mudando constantemente com o tempo e diferindo consideravelmente de uma sociedade a outra. Ele denomina os elementos constantes, recorrentes, de "resíduos", são os que permanecem quando aspectos mutáveis são colocados de lado. Os elementos variáveis são "derivações", um termo que se refere a um fato sobre tais modos de conduta que Pareto afirma ter descoberto empiricamente: isto é, que os principais tipos dessa categoria são as teorias pelas quais as pessoas tentam explicar por que elas se comportam como o fazem. A derivação "representa o trabalho da mente quando se dá conta

---

9 Lynd, *Knowledge for What?*, p.121, n.7.

A ideia de uma ciência social e sua relação com a filosofia

[do resíduo]. Isso é porque [ela] é muito mais variável, como se refletisse o jogo da imaginação".[10] Como as derivações são tão instáveis e variáveis em comparação com os resíduos, Pareto sublinha, devemos aceitar que as ideias e as teorias que as pessoas adotam tenham pequena influência real sobre o modo como elas se comportam; a adesão a teorias não pode ser uma explicação válida de por que as pessoas agem de determinada forma, pois aquele comportamento continua mesmo depois que as teorias são abandonadas. O conceito de derivação obviamente oferece muitos pontos de comparação com, por exemplo, o conceito marxista de "ideologia" e o conceito freudiano de "racionalização". O ponto que eu gostaria de enfatizar aqui, entretanto, é que é apenas através dessa distinção conceitual que Pareto consegue encontrar aspectos comuns das diferentes sociedades, de tipo aparentemente adequado para ser um objeto de generalização científica. Ou seja, a afirmação de que existem uniformidades sociológicas caminha de mãos dadas com a afirmação de que a inteligência humana é muito superestimada como uma real influência sobre os eventos sociais.

Vou citar agora um exemplo de aplicação detalhada que Pareto fez da distinção.

Os cristãos têm o costume do batismo. Se soubéssemos apenas o procedimento cristão, não saberíamos se e como esse costume seria analisado. Além disso, temos uma explicação sobre ele: sabemos que o rito do batismo é celebrado para remover o pecado original. Isso ainda não é suficiente. Se não temos outros fatos da mesma classe para considerar, deveríamos achar difícil isolar os

---

10 Pareto, *The Mind and Society*, Seç.850.

elementos no fenômeno complexo do batismo. Mas temos outros fatos desse tipo. Os pagãos tinham uma água lustral e a usavam para propósitos de purificação. Se parássemos nesse ponto, associaríamos a ideia da água com o fato da purificação. Mas outros casos de batismo mostram que o uso da água não é um elemento constante. O sangue pode ser usado para purificação, assim como outras substâncias. Isso não é tudo; há inúmeros ritos que produzem o mesmo resultado... O caso dado, portanto, é feito desse elemento constante, *a*, e um elemento variável *b*, sendo esse último os meios usados para restaurar a integridade do indivíduo e as razões pelas quais a eficácia dos meios é presumivelmente explicada. O ser humano tem um sentimento vago de que a água de alguma forma limpa a poluição moral e a material. Entretanto, ele não justifica sua conduta dessa maneira, como uma regra. A explicação seria muito simples. Então ele segue procurando algo mais complicado, mais pretensioso, e prontamente encontra o que está procurando.[11]

Ora, existem dificuldades filosóficas bem conhecidas que emergem da tentativa de rejeitar como ineficazes classes inteiras de razões em oposição a demandas específicas para esse tipo de razão dentro de uma classe aceita. Consideremos, por exemplo, as dificuldades frequentemente discutidas, envolvidas em lançar dúvidas *gerais* sobre a confiabilidade dos sentidos ou da memória. Mas Pareto, sem dúvida, sustentaria que sua tese está salva desse tipo de vazio pela massa de evidência empírica em que ela se baseia. Entretanto, sua tese relativa à variabilidade relativa das derivações e constância dos resíduos

---

11 Ibid., Seç.863.

A ideia de uma ciência social e sua relação com a filosofia

não é, como ele pensa, um relatório direto dos resultados de sua observação; ela traz uma concepção equivocada desses resultados. O elemento constante, *a*, e o elemento variável, *b*, são distinguidos por observação, mas apenas como o resultado de uma (ilegítima) abstração. No exemplo citado dos resíduos purificadores, o elemento invariável não é apenas um conjunto direto de movimentos físicos, pois ele pode tomar uma multiplicidade de diferentes formas físicas (como o próprio Pareto se esforça em mostrar). O mero ato de lavar a mão de alguém não seria um exemplo disso; apenas seria se praticado com intenção *simbólica*, como um sinal de purificação moral ou religiosa. Esse ponto é tão importante que vou ilustrá-lo com outro exemplo, os "resíduos sexuais". Pareto não quer referir-se, como seria esperado, ao fator comum da simples relação sexual biológica que é encontrada em meio a todos os múltiplos costumes sociais e ideias morais relacionadas com relações sexuais em diferentes épocas e em diferentes sociedades. Ele explicitamente exclui esse ponto. Para qualificar uma forma de comportamento como um resíduo, ela deve ter um conteúdo quase intelectual ou simbólico. "O mero apetite sexual, embora poderosamente ativo na raça humana, não tem interesse para nós aqui... Estamos interessados nele apenas e na medida em que ele influencia teorias, modos de pensar."[12] Por exemplo, um resíduo dominante que Pareto discute é a atitude ascética para com as relações sexuais: a ideia de que elas devem ser evitadas como uma coisa ruim ou, pelo menos, moralmente debilitante. Mas esse fator constante, assim como no exemplo anterior, não é algo que Pareto *observou* separadamente dos altamente

---

12 Ibid., Seç.1.324.

variados sistemas morais e teológicos de ideias nos termos pelos quais o ascetismo sexual é justificado ou explicado em diferentes sociedades. Isso é algo que ele analisou fora desses sistemas de ideias por meio de uma análise conceitual.

Mas ideias não podem ser retiradas de seu contexto dessa forma; a relação entre ideia e contexto é *interna*. A ideia adquire seu sentido do papel que desempenha no sistema. Não tem sentido tomar muitos sistemas de ideias, encontrar um elemento em cada um que pode ser expresso da mesma forma verbal, e então pleitear ter descoberto uma ideia comum a todos os sistemas. Isso seria como observar que os sistemas de mecânica de Aristóteles e de Galileu usam a noção de força e concluir que eles, portanto, usam a mesma noção. Pode-se imaginar o grito de raiva que Pareto teria dado para o filistinismo de tal procedimento; mas ele é culpado de exatamente o mesmo tipo de filistinismo quando, por exemplo, compara a relação social entre "um milionário americano e um americano comum" àquela entre um hindu de alta casta e um hindu de casta baixa.[13] E esse tipo de comparação é essencial para todo o seu método de procedimento.

O mesmo ponto pode ser ilustrado da seguinte forma. Duas coisas podem ser chamadas de "a mesma" ou "diferente" apenas em referência a um conjunto de critérios que defina o que deve ser considerado como uma diferença relevante. Quando as "coisas" em questão são puramente físicas, os critérios serão certamente os do observador. Mas, quando se trata de "coisas" intelectuais (ou, de fato, qualquer tipo de "coisa" social), não é assim. Pois seu *ser* social ou intelectual, ao contrário do físico,

---

13 Ver ibid., Seç.I.044.

A ideia de uma ciência social e sua relação com a filosofia

depende inteiramente de seu pertencimento, de certo modo, a um sistema de ideias ou modo de vida. É apenas em referência aos critérios que governam esse sistema de ideias ou modo de vida que eles têm alguma existência como eventos intelectuais ou sociais. Segue-se que, se o investigador sociológico quer considerá-los *como* eventos sociais (como, *ex hypothesi*, ele deve), tem que levar a sério os critérios aplicados para distinguir "diferentes" tipos de ação e identificar os "mesmos" tipos de ação dentro do modo de vida que está estudando. Não lhe é permitido impor arbitrariamente seus próprios padrões de fora. Se fizer isso, os eventos que está estudando perdem, juntos, sua natureza como eventos *sociais*. Um cristão negaria de forma vigorosa que os ritos do batismo de sua fé têm a mesma natureza que os atos de um pagão salpicando água lustral ou derramando sangue de sacrifício. Pareto, ao sustentar o contrário, está inadvertidamente removendo de seu tema exatamente o que fornece o interesse sociológico: isto é, sua conexão interna com um modo de vida.

G. E. M. Anscombe afirmou, em um trabalho não publicado, que existem certas atividades – ela menciona a aritmética como um exemplo – que, diferentemente de outras, tal como a acrobacia, não podem ser entendidas por um observador a menos que ele possua a habilidade de realizar as atividades em questão. Observa que qualquer descrição de atividades como a aritmética que não esteja baseada em capacidades aritméticas (ou o que quer que seja) está destinada a parecer sem sentido e arbitrária, e também compulsiva, no sentido de que as etapas não parecerão mais como escolhas significativas. Essa é precisamente a impressão das atividades sociais dada pela descrição de Pareto como resíduos; mas a impressão não é algo bem fundamentado, é uma ilusão de ótica baseada em um equívoco conceitual.

Isso mostra, penso eu, que toda a pressuposição do procedimento de Pareto é absurda: ou seja, que é impossível tratar proposições e teorias como "fatos experimentais", de forma igual a qualquer outro tipo de tal fato.[14] É uma pressuposição que certamente não exclusiva dele: está contida, por exemplo, na primeira regra do método sociológico de Durkheim: "considerar fatos sociais como coisas". A afirmação de Pareto e outras semelhantes à sua são absurdas porque envolvem uma contradição: na medida em que um conjunto de fenômenos está sendo observado "de fora", "como fatos experimentais", não pode ao mesmo tempo ser descrito como constitutivo de uma "teoria" ou conjunto de "proposições". De certo modo, Pareto não desenvolveu suficientemente seu empirismo. Pois o que o observador sociológico apresentou para *seus sentidos* não são absolutamente pessoas adotando certas teorias, acreditando em certas proposições, mas pessoas fazendo certos movimentos e sons. De fato, mesmo descrevê-los como "pessoas" vai bem mais longe, o que pode explicar a popularidade do termo "organismo" no jargão sociológico e psicossocial: mas organismos, ao contrário de pessoas, não acreditam em proposições ou adotam teorias. Descrever o que é observado por um sociólogo nos termos de noções como "proposição" e "teoria" já é tomar a decisão de aplicar um conjunto de conceitos incompatíveis com o ponto de vista "externo", "experimental". Recusar descrever o que é observado em tais termos, por outro lado, envolve não o tratar como tendo significância

---

14 Ver ibid., Seç.7.

A ideia de uma ciência social e sua relação com a filosofia

social. Segue-se que a compreensão da sociedade não pode ser com base em observação e experimentação em um sentido amplamente aceito.

O que estou dizendo requer qualificação. Não quero dizer, certamente, que é impossível tomar como dado que certa pessoa, ou grupo de pessoas, adere a certa crença – digamos, que a terra é plana – sem aderir pessoalmente a ela. E é isso tudo que Pareto pensa que está fazendo; mas, na verdade, está fazendo mais que isso. Ele não apenas está falando de crenças específicas *dentro* de um dado modo de discurso, mas da totalidade dos modos de discurso. O que ele não vê é que um modo de discurso tem que ser *compreendido* antes que alguém possa falar de teorias e proposições dentro dele, o que pode constituir dados para ele. Pareto realmente não considera o problema fundamental do que é compreender um modo de discurso, ele o considera simplesmente como um caso de estabelecer generalizações na base de observação; uma visão que foi exposta no Capítulo 3.

Infelizmente, não há espaço disponível para discutir mais exemplos de tentativas, como as de Pareto, para eliminar as ideias humanas e a inteligência da descrição pelo sociólogo da vida social. Mas os leitores podem achar instrutiva a releitura de *O suicídio* de Durkheim à luz do que venho dizendo. É particularmente importante observar a conexão entre a conclusão de Durkheim – de que deliberações conscientes podem ser tratadas como "puramente formais, sem nenhum objeto a não ser a confirmação de uma solução previamente formada por razões desconhecidas à consciência" e sua decisão inicial de definir a palavra "suicídio", para o propósito de seu estudo, em um sentido diferente daquele usado nas sociedades que estava estudando.[15]

3. Max Weber: *Verstehen* e a explicação causal

Foi Max Weber quem mais escreveu sobre o sentido específico que a palavra "compreender" tem quando aplicada aos modos de vida social. Já me referi à sua descrição do comportamento significativo e proponho nas próximas duas seções dizer algo sobre sua concepção de compreensão sociológica (*Verstehen*).[16] O primeiro ponto em que quero me concentrar é a descrição de Weber da relação entre obter uma "compreensão interpretativa" (*deutend verstehen*) do significado (*Sinn*) de uma parte do comportamento e fornecer uma explicação causal (*kausal erklären*) do que trouxe o comportamento em questão e quais são suas consequências.

Ora, Weber nunca dá uma descrição clara da natureza *lógica* da compreensão interpretativa. Ele fala disso a maior parte do tempo como se fosse simplesmente uma técnica psicológica: um caso de alguém se colocar na posição de outro. Isso levou muitos escritores a alegar que Weber confunde o que simplesmente é uma técnica para definir hipóteses com o caráter lógico da evidência de tais hipóteses. Nesse sentido, Popper argumenta que, embora possamos usar nosso conhecimento de nossos próprios processos mentais no sentido de definir hipóteses sobre processos similares de outras pessoas, "essas hipóteses devem ser testadas, elas devem ser submetidas ao método de seleção

---

15 Durkheim, *Suicide*.
16 Ver Weber, *Wirtschaft und Gesellschaft*, Cap. I.

A ideia de uma ciência social e sua relação com a filosofia

por eliminação. (Pela intuição, algumas pessoas podem até mesmo evitar imaginar que alguém não goste de chocolate.)".[17]

Porém, embora tais críticas possam ser aplicáveis aos vulgarizadores de Weber, elas não podem serem usadas com justiça contra suas próprias concepções, pois ele insiste muito que a mera "intuição" não é suficiente e deve ser testada através de observação cuidadosa. No entanto, o que penso que pode ser dito contra Weber é que ele apresenta uma descrição errada do processo de verificação da validade das interpretações sociológicas sugeridas. Mas a correção de Weber nos leva muito mais longe, do que mais perto, da descrição pela qual Popper, Ginsberg e muitos que pensam como eles gostariam de substituir a de Weber. Weber diz:

> Toda interpretação objetiva a autoevidência ou a imediata plausibilidade (*Evidenz*). Mas uma interpretação que faz o sentido de uma parte do comportamento evidentemente óbvia, como se gostaria, não pode *requerer* que essa descrição seja, igualmente, uma interpretação causalmente *válida*. Em si mesma, ela é nada mais que uma hipótese particularmente plausível.[18]

Ele continua e diz que a maneira apropriada de verificar uma hipótese é estabelecer leis estatísticas baseadas na observação do que acontece. Dessa maneira, chega à concepção de uma lei sociológica como "uma regularidade estatística que corresponde a um significado inteligível intencional".

---

17 Popper, *The Poverty of Historicism*, Seç.29.
18 Weber, *Wirtschaft und Gesellschaft*, Cap.I.

Peter Winch

Weber está claramente certo ao apontar que a interpretação óbvia não necessita ser a interpretação certa. A interpretação de R. S. Lynd da magia vodu dos índios do Oeste como "um sistema de sequências causais confiáveis e reputadas como verdadeiras" é um caso em questão;[19] e há uma pletora de exemplos similares no livro de Frazer, *O ramo de ouro*. Mas desejo discutir a sugestão implícita de Weber, de que a *Verstehen* é algo logicamente incompleto e necessita a suplementação de um método totalmente diferente, especificamente a coleção de estatísticas. Contra isso, quero insistir que, se uma interpretação proferida está errada, as estatísticas, embora possam sugerir que é assim, não são a última corte apelativa e decisiva para a validade das interpretações sociológicas da forma que Weber sugere. O que é então necessário é uma melhor interpretação, não algo de tipo diferente. A combinação de uma interpretação com as estatísticas não prova sua validade. Alguém que interprete os ritos de magia tribais como uma forma de atividade científica deslocada não será corrigido por estatísticas sobre o que os membros daquela tribo farão em vários tipos de ocasião (embora possa fazer *parte* do argumento); o que é requerido definitivamente é um argumento *filosófico*, como o que faz Collingwood em *The Principles of Art*.[20] Pois uma interpretação errada de uma forma de atividade social é um erro próximo do tipo de erro que é tratado na filosofia.

Wittgenstein diz em algum lugar que, quando temos dificuldades filosóficas sobre o uso de alguns dos conceitos de nossa linguagem, somos como selvagens confrontados com algo de uma cultura estranha. Eu estou simplesmente suge-

---

19 Lynd, *Knowledge for What?*, p.121.
20 Collingwood, *The Principles of Art*, Lv.1, Cap.IV.

A ideia de uma ciência social e sua relação com a filosofia

rindo um corolário disso: que sociólogos que interpretam mal uma cultura estranha são como filósofos com dificuldades quanto ao uso de seus próprios conceitos. Certamente haverá diferenças. Em geral, a dificuldade do filósofo é com alguma coisa que lhe é perfeitamente familiar, mas que, no momento, ele falha em ver sob sua própria perspectiva. A dificuldade do sociólogo frequentemente será com algo que não lhe é familiar em absoluto; ele pode não ter nenhuma perspectiva adequada para aplicar. Isso pode, às vezes, tornar sua tarefa mais difícil que a do filósofo, e, às vezes, pode torná-la mais fácil. Mas a analogia entre seus problemas deve ser clara.

Alguns dos procedimentos de Wittgenstein em suas elucidações filosóficas reforçam esse ponto. Ele tende a chamar nossa atenção para certos aspectos de nossos próprios conceitos, comparando-os com aqueles de uma sociedade imaginária, na qual nossos modos habituais de pensar são sutilmente distorcidos. Por exemplo, ele nos pede para supor que uma sociedade venda madeira da seguinte forma: eles "empilhavam a madeira em porções formadas de forma arbitrária com alturas variadas, e então vendiam a madeira a um preço proporcional à área coberta pelas porções. E se eles justificassem a venda com essas palavras: 'Certamente, se você comprar mais madeira, deverá pagar mais'?".[21] A questão importante para nós é: em quais circunstâncias é possível dizer que se *compreendeu* esse tipo de comportamento? Como indiquei, Weber frequentemente fala como se a prova definitiva fosse nossa capacidade para formular leis estatísticas que nos habilitassem a *predizer* com precisão exata o que as pessoas fariam em dadas circunstâncias. Nessa linha está sua tentativa de definir o "papel social" em termos de probabi-

---

21 Wittgenstein, *Remarks on the Foundations of Mathematics*, Cap.I, p.142-51.

lidade (*chance*) de ações de um certo tipo sendo realizadas em dadas circunstâncias. Mas, com o exemplo de Wittgenstein, podemos ser capazes de fazer, dessa forma, predições com grande exatidão e ainda não sermos capazes de pretender qualquer real compreensão sobre o que as pessoas estão fazendo. A diferença é precisamente análoga àquela entre ser capaz de formular leis estatísticas sobre prováveis ocorrências de palavras em uma língua e ser capaz de compreender o que está sendo *dito* por alguém que fala a língua. Esse último caso não pode nunca ser reduzido ao anterior; um homem que compreende chinês não é um homem que tenha firme conhecimento das probabilidades estatísticas para a ocorrência de diversas palavras em chinês. De fato, ele poderia ter esse conhecimento sem saber que estava tratando de uma língua; e, de toda forma, o conhecimento de que ele estava tratando de uma língua não é em si algo que pudesse ser formulado estatisticamente. "Compreender", em situações como essa, é perceber o *ponto* ou *significado* do que está sendo feito ou dito. Essa é uma noção muito distante do mundo da estatística e das leis de causalidade: ela está mais próxima do domínio do discurso e das relações internas que vinculam as partes do domínio do discurso. A noção de *significado* deve ser cuidadosamente distinguida da noção de *função*, em seu sentido quase causal, cujo uso na antropologia social e na sociologia não vou explorar mais aqui.

4. Max Weber: ação significativa e ação social

Posso apresentar de uma melhor forma as implicações disso considerando outro aspecto da posição de Weber: sua distinção entre comportamento que é apenas significativo e aquele que é

A ideia de uma ciência social e sua relação com a filosofia

tanto significativo quanto social. É evidente que qualquer distinção desse tipo é incompatível com o argumento do Capítulo 2 de seu livro; todo comportamento significativo deve ser social, uma vez que apenas pode ser significativo se for governado por regras, e regras pressupõem um contexto social. Weber claramente reconhece a importância desse ponto para a sociologia, mesmo que ele o aborde na forma que considero errada. O que é interessante é que, ao fazer isso, ele ao mesmo tempo comece a escrever sobre situações sociais de forma absolutamente incompatível com o que disse sobre *Verstehen*; isso é exatamente o que se esperaria na medida em que *Verstehen* implica *Sinn*, e *Sinn*, como argumentei, implica regras socialmente estabelecidas. Penso aqui no importante artigo "R. Stammlers 'Ueberwindung' der materialistischen Geschichtsauffassung",[22] no qual Weber vincula entre si o seguinte par de afirmações: primeiro, que não existe dificuldade *lógica* em supor que um homem é capaz de seguir regras de conduta em completa abstração de qualquer tipo de contexto social; segundo, que não há diferença *lógica* entre a técnica de manipulação de objetos naturais (por exemplo, a maquinaria) no sentido de alcançar os fins, e a de "manipular" seres humanos como faz, ele sugere, o dono de uma fábrica com seus empregados. Diz ele: "em um caso, os 'eventos de consciência' entram na cadeia causal, e, no outro, não, o que não faz 'logicamente' a menor diferença". Assim, ele comete o erro de supor que "eventos de consciência" são apenas empiricamente diferentes de outros tipos de evento. Ele não percebe que a noção inteira de "evento" traz um sentido diferente aqui, implicando, como ocorre, um contexto de

---

22 Weber, *Gesammelte Aufsätze zur Wissenschaftslehre.*

regras seguidas por seres humanos que não pode desse modo ser combinado com um contexto de leis causais sem criar dificuldades lógicas. Weber, então, falha em sua tentativa de inferir que o tipo de "lei" que o sociólogo pode formular para descrever o comportamento de seres humanos não é *logicamente* distinta da "lei" na ciência natural.

Ao procurar descrever a situação que usa como exemplo para sustentar seu ponto de vista, Weber cessa de usar as noções que seriam apropriadas para uma compreensão interpretativa da situação. Em vez de falar de trabalhadores em sua fábrica sendo pagos e gastando dinheiro, ele fala de estarem recebendo peças de metal, dando essas peças de metal a outras pessoas e recebendo delas outros objetos; ele não fala de policiais protegendo a propriedade dos trabalhadores, mas "pessoas com capacetes" chegando e devolvendo aos trabalhadores as peças de metal que outras pessoas lhes tomaram, e assim por diante. Em suma, ele adota o ponto de vista externo e esquece de levar em conta o "sentido subjetivamente percebido" do comportamento do qual está falando; e isso, desejo dizer, é um resultado natural de sua tentativa de separar as *relações sociais* que ligam esses trabalhadores das *ideias* que suas ações materializam: ideias tais como aquelas de "dinheiro", "propriedade", "polícia", "comprar e vender", e assim por diante. Suas relações uns com os outros existem apenas através dessas ideias e, de forma similar, essas ideias existem apenas em suas relações uns com os outros.

Não estou negando que possa ser útil, às vezes, adotar expedientes como a "externalização" de Weber para sua descrição dessa situação. Isso pode servir ao propósito de chamar a atenção do leitor para aspectos da situação que são tão óbvios e familiares que, de outra maneira, ele as perderia, caso que se-

A *ideia de uma ciência social e sua relação com a filosofia*

ria comparável ao uso dos exemplos estranhos imaginários de Wittgenstein aos quais já me referi. Pode também ser comparado com o *Verfremdungseffekt* que Bertolt Brecht visou em suas produções teatrais, ou ao uso por Caradoc Evans das traduções estranhamente literais do gaulês em suas histórias sinistramente satíricas sobre Gales Ocidental.[23] O efeito de todos esses expedientes é sacudir o leitor ou o espectador para fora da complacente miopia que o excesso de familiaridade pode induzir. O que é perigoso é que o usuário desses expedientes pode vir a considerar *sua* forma de observar as coisas como algo mais real que a forma usual. Podemos suspeitar que Brecht tenha adotado algumas vezes essa atitude meio divina (como seria consistente com seu marxismo); essa atitude está certamente envolvida no tratamento dos "resíduos" por Pareto; e embora essa seja uma atitude que não é característica de Weber, mesmo assim ela segue muito naturalmente de sua descrição metodológica da forma na qual relações sociais e ideias humanas são relacionadas e de alguma tentativa de comparar teorias sociológicas com aquelas da ciência natural. O único uso legítimo de tal *Verfremdungseffekt* é *chamar a atenção* para o familiar e o óbvio, não mostrar que ele é *dispensável* para nossa compreensão.

Além disso, se esse erro da descrição de Weber for corrigido, torna-se muito mais fácil defender sua concepção de *Verstehen* de uma crítica persistentemente reiterada. Morris Ginsberg, por exemplo, escreve:

> Parece ser uma pressuposição básica de *verstehende Soziologie* e *verstehende Psychologie* que o que sabemos dentro de nossas mentes é

---

23 Este último exemplo me foi sugerido em conversas com meu colega D. L. Sims.

de alguma forma mais inteligível do que o que é observado externamente. Mas isso é confundir o familiar com o inteligível. Não existe senso interior estabelecendo conexões entre fatos interiores através de intuição direta. Tais conexões são, de fato, generalizações empíricas, de validade não maior que as generalizações similares relacionadas a fatos externos.[24]

Deve ser dito de maneira firme, aqui, que o caso de dizer que a compreensão da sociedade é logicamente diferente da compreensão da natureza não está nas hipóteses de um "senso interior" (uma noção criticada de forma incisiva por Peter Geach).[25] De fato, segue de meu argumento no Capítulo 2 que os conceitos com os quais entendemos nossos *próprios* processos mentais e o comportamento têm que ser aprendidos e devem, portanto, ser *socialmente* estabelecidos, tanto quanto os conceitos com os quais compreendemos o comportamento de outras pessoas. Assim, a consideração de Ginsberg de que o desgosto motivado por certos alimentos em alguém sujeito a um tabu "não é diretamente inteligível a qualquer pessoa crescida em uma tradição diferente", longe de ser uma crítica válida do tipo de posição que tentei apresentar de *Verstehen*, segue imediatamente daquela posição. Já tratei no Capítulo 3 da ideia de que as conexões materializadas em nossos conceitos de comportamento humano são exatamente o resultado de generalizações empíricas.

---

24 Ginsberg, *On the Diversity of Morals*, p.155.
25 Geach, *Mental Acts*, Seç.24.

5
Conceitos e ações

1. A internalidade das relações sociais

Para ilustrar o que significa dizer que as relações sociais entre homens e as ideias que materializam as ações dos homens são realmente a mesma coisa, considerada de diferentes pontos de vista, quero agora considerar a natureza geral do que acontece quando as ideias correntes em uma sociedade mudam: quando novas ideias entram na linguagem e velhas ideias saem dela. Falando de "novas ideias", devo fazer uma distinção. Imaginemos um bioquímico que, fazendo certas observações e experimentos, descobre um novo micróbio responsável por certa doença. Em um sentido, podemos dizer que o nome que ele dá a esse novo germe expressa uma nova ideia, mas prefiro dizer nesse contexto que ele fez uma descoberta dentro de uma estrutura existente de ideias. Estou assumindo que a teoria microbiana das doenças está bem estabelecida na linguagem científica que ele fala. Agora comparemos com essa descoberta o impacto da primeira formulação dessa teoria, a primeira introdução do conceito de um micróbio dentro da linguagem da medicina. Isso seria um ponto de partida muito mais radical, envolvendo não apenas uma nova descoberta factual dentro de uma forma existente de observar as coisas, mas uma forma completamente nova de observar todo o problema da causação de doenças, a adoção de novas técnicas de diagnóstico, a formulação de novos tipos de questão sobre enfermidades, e assim por diante. Em resumo, isso envolveria a adoção de novas formas de fazer as coisas pelas pessoas envolvidas, de uma forma ou de outra, na prática médica. Uma descrição da forma na qual as relações sociais na profissão médica têm sido influenciada por esse novo conceito incluiria uma descrição desse novo conceito. Por outro lado, o conceito em si é ininteligível fora de sua relação com a prática médica. Um doutor que (i) declara aceitar a teoria microbiana das doenças, (ii) declara almejar reduzir a incidência da doença e (iii) ignora completamente a necessidade de isolar pacientes infecciosos estaria se comportando de forma contraditória e ininteligível.

Em outro caso, imaginemos uma sociedade que não tem conceito de nomes próprios, conforme os conhecemos. As pessoas são conhecidas, digamos, por suas frases gerais descritivas, ou por meio de números. Isso também levaria a muitas outras grandes diferenças em relação à nossa sociedade. Toda a estrutura das relações pessoais seria afetada. Consideremos a importância de números na prisão ou na vida militar. Imaginemos como seria diferente ficar apaixonado por uma garota conhecida apenas por um número e não um nome, e que efeito isso teria, por exemplo, para a poesia de amor. O desenvolvimento do uso de nomes próprios em tal sociedade certamente contaria como a introdução de uma nova ideia, enquanto a

A ideia de uma ciência social e sua relação com a filosofia

simples introdução de um novo nome próprio *específico*, dentro de uma estrutura existente, não contaria.

Eu quis mostrar com esses exemplos que uma nova forma de falar, suficientemente importante para ser considerada uma nova ideia, implica um novo conjunto de relações sociais. Da mesma forma, isso ocorre quando um forma de falar desaparece. Tomemos a noção de amizade: lemos no livro de Penelope Hall, *The Social Services of Modern England* (Routledge), que é dever de um assistente social estabelecer relações de amizade com seus clientes; mas que nunca deve esquecer que seu primeiro dever é com a política da agência em que está empregada. Ora, isso é uma depreciação da noção de amizade como tem sido compreendida, que exclui esse tipo de lealdade dividida, para não dizer a duplicidade. Na medida em que a ideia antiga abre espaço para essa nova ideia, as relações sociais ficam empobrecidas (ou, se alguém objeta a interpolação de atitudes morais pessoais, ao menos elas *mudam*). Também não quer dizer que a simples mudança no significado de uma palavra não impedirá as pessoas de terem as relações que querem ter entre elas, pois isso é esquecer o fato de que nossa linguagem e as nossas relações sociais estão exatamente em dois diferentes lados da mesma moeda. Dar uma descrição do significado de uma palavra é descrever como ela é usada, e descrever como ela é usada é descrever a relação social em que ela se insere.

Se as relações sociais entre os homens existem apenas nas ideias e através destas, uma vez que as relações entre ideias são relações internas, também as relações sociais devem ser uma espécie de relação interna. Isso me coloca em conflito com o princípio amplamente aceito de Hume: "Não há objeto que implique a existência de qualquer outro, se considerarmos esses objetos em si mesmos, e nunca olharmos além das ideias que formamos deles". Não há dúvida que Hume pretendia aplicar esse princípio às ações humanas e à vida social, assim como aos fenômenos da natureza. Mas, para começar, o princípio de Hume não é totalmente verdadeiro, mesmo para nosso conhecimento dos fenômenos naturais. Se escuto um som e o reconheço como o barulho de um trovão, já estou comprometido comigo mesmo em acreditar na ocorrência de um número de outros eventos – por exemplo, descargas elétricas na atmosfera – e mesmo a chamar de "trovão" o que eu escuto. Ou seja, com a "ideia que formei" do que escutei, *posso* legitimamente inferir "a existência de outros objetos". Se, subsequentemente, fico sabendo que não houve nenhum raio no tempo próximo ao que escutei o som, devo retratar minha afirmação de que escutei um trovão. Para usar a expressão de Gilbert Ryle, a palavra "trovão" está impregnada de teoria; declarações que afirmam a ocorrência de trovão têm conexões lógicas com declarações que afirmam outros eventos. Dizer isso certamente não reintroduz qualquer nexo causal misterioso *in rebus*, do tipo que Hume poderia objetar legitimamente. Trata-se simplesmente de destacar que Hume negligenciou o fato de que "a ideia que formamos de um objeto" não consiste apenas de elementos provenientes de nossa observação desse objeto isolado, mas inclui a ideia de conexões entre esse e outros objetos (e dificilmente poderíamos formar uma concepção de uma linguagem na qual não fosse assim).

Consideremos agora um caso paradigmático muito simples de uma relação entre ações em uma sociedade humana: aquela entre um ato de comando e um ato de obediência àquele comando. Um sargento clama "olhar à direita!" e seus homens di-

A ideia de uma ciência social e sua relação com a filosofia

rigem seus olhos para a direita. Ao descrever a ação dos homens nos termos da noção de obediência a um comando, estamos certamente nos comprometendo em dizer que um comando foi dado. Até aqui, a situação parece precisamente paralela à relação entre o trovão e os raios. Mas agora é preciso mostrar uma distinção. O caráter de um evento como um ato de obediência é *intrínseco* a ele de uma forma que não é verdadeira para um barulho de trovão; e isso em geral é verdadeiro para os atos humanos em oposição aos eventos naturais. No caso destes últimos, embora seres humanos possam pensar nas ocorrências em questão apenas nos termos dos conceitos que de fato têm deles, os eventos têm uma existência independente desses conceitos. Havia raios e trovões muito antes que existissem pessoas para formar conceitos sobre eles ou estabelecer que haveria qualquer conexão entre eles. Mas não faz sentido supor que seres humanos estejam dando comandos e obedecendo-os antes que eles elaborassem o conceito de comando e de obediência. Pois sua prática desses atos é, em si, a manifestação principal da posse desses conceitos. Um ato de obediência contém, como um elemento essencial, um reconhecimento do que ocorreu antes como uma ordem. Mas seria claramente sem sentido supor que o barulho de um trovão contivesse qualquer reconhecimento do que ocorreu antes como um raio; é nosso reconhecimento do som, mais que o som em si, que contém esse reconhecimento do que ocorreu antes.

Parte da oposição que se sente com relação à ideia de que os homens podem se relacionar por meio de suas ações da mesma maneira que as proposições podem se relacionar deve-se, provavelmente, a uma concepção inadequada do que são relações lógicas entre proposições. Estamos propensos a considerar as leis da lógica como leis que formam uma rígida estrutura *dada*, nas quais os homens tentam, com maior ou menor (mas nunca completo) sucesso, fazer o que dizem em suas reais relações linguísticas e sociais. Consideramos proposições como uma coisa etérea, e que exatamente por serem etéreas, de natureza não física, podem se adequar mais do que no caso de algo tão material como homens de carne e osso e suas ações. Em certo sentido, estamos certos sobre isso; pois tratar relações lógicas de uma maneira formal sistemática é pensar em um nível muito alto de abstração, no qual todas as anomalias, imperfeições e cruezas que caracterizam as relações reais entre os homens em sociedade foram removidas. Mas, como qualquer abstração não reconhecida como tal, pode levar a enganos. Isso pode fazer que esqueçamos que é apenas por suas raízes em sua relação real de carne e osso que esses sistemas formais definem a vida como o fazem; pois a ideia toda de uma relação lógica é apenas possível em virtude do tipo de acordo entre os homens e suas ações que são discutidas por Wittgenstein nas *Investigações filosóficas*. A consideração de Collingwood sobre a gramática formal é apropriada: "Comparo um gramático a um açougueiro; mas, se é isso, ele é um açougueiro de um tipo curioso. Viajantes dizem que certos povos africanos cortam uma fatia de carne de um animal vivo e o cozinham para o jantar, com o animal continuando em estado não muito ruim. Isso pode servir para corrigir a comparação original".[1] Parecerá menos estranho que as relações sociais sejam como relações lógicas entre proposições, uma vez que sabemos que relações lógicas entre proposições em si dependem de relações sociais entre homens.

---

1 Collingwood, *The Principles of Art*, p.259.

A ideia de uma ciência social e sua relação com a filosofia

O que tenho dito entra certamente em conflito com o "postulado do individualismo metodológico" de Karl Popper, e parece cometer o pecado do que ele chama "essencialismo metodológico". Popper sustenta que as teorias das ciências sociais correspondem a construções teóricas ou modelos formulados pelo investigador, no sentido de explicar certas experiências, um método que ele explicitamente compara à construção de modelos teóricos nas ciências naturais.

Esse uso de modelos explica e ao mesmo tempo destrói as alegações do essencialismo metodológico... Ele as explica, pois o modelo é de caráter abstrato ou teórico, e somos capazes de acreditar que o vemos, tanto por dentro ou por trás dos eventos observáveis mutáveis, como um tipo de fantasma ou essência observável. E ele as destrói porque nossa tarefa é analisar nossos modelos sociológicos cuidadosamente em termos descritivos ou nominalistas, isto é, *em termos de indivíduos*, suas atitudes, expectativas, relações etc. – um postulado que pode ser chamado de "individualismo metodológico".[2]

A afirmação de Popper de que instituições sociais são apenas modelos explanatórios introduzidos pelo cientista social para seus próprios propósitos é manifestamente falsa. As formas de pensar materializadas em instituições governam a forma como membros das sociedades estudadas pelos cientistas sociais se comportam. A ideia de guerra, por exemplo, que é um dos exemplos de Popper, não foi simplesmente inventada pelas pessoas que queriam *explicar* o que acontece quando sociedades entram

---

2 Popper, *The Poverty of Historicism*, Seç.29.

em conflito armado. É uma ideia que fornece o critério do que é apropriado no comportamento dos membros de sociedades em conflito. Porque meu país está em guerra, há certas coisas que eu devo e certas coisas que não devo fazer. Meu comportamento é governado, pode-se dizer, pelo meu conceito de eu pertencer a um país beligerante. O conceito de guerra pertence *essencialmente* ao meu comportamento. Mas o conceito de gravidade não pertence essencialmente ao comportamento de uma maçã caindo: ele pertence mais à *explicação* pelo físico do comportamento da maçã. Reconhecer isso, com o devido respeito a Popper, não tem nada a ver com a crença em fantasmas por trás dos fenômenos. Além disso, é impossível ir mais longe especificando as atitudes, expectativas e relações de indivíduos sem se referir aos conceitos que entram nessas atitudes etc. e o significado de que certamente não podem ser explicados nos termos de ações de quaisquer pessoas individuais.[3]

2. "Ideias" discursivas e não discursivas

No curso desta discussão tenho vinculado a afirmação de que relações sociais são internas com a afirmativa de que as interações mútuas entre homens "materializam ideias", sugerindo que a interação social pode ser comparada de forma mais profícua com a troca de ideias em uma conversação do que com a interação de forças em um sistema físico. Isso parece me colocar em risco de hiperintelectualizar a vida social, especialmente porque os exemplos que discuti até aqui têm sido exemplos de comportamentos que expressam ideias *discursivas*, ou seja, ideias

---

3 Ver Mandelbaum, Societal Facts, *B. J. Sociol.*, v.VI, n.4, 1955.

A ideia de uma ciência social e sua relação com a filosofia

que têm uma expressão linguística direta. Isso é porque o uso da linguagem é tão intimamente, tão inseparavelmente ligado às outras atividades não linguísticas praticadas pelos homens, que é possível falar de seu comportamento não linguístico também como expressando ideias discursivas. Além dos exemplos desse ponto que já apresentei em outras passagens, precisamos apenas lembrar a enorme extensão em que o aprendizado de qualquer atividade humana característica normalmente envolve também a fala: em conexão, por exemplo, com discussões de formas alternativas de fazer as coisas, com a inculcação de padrões de trabalho bem-feito, com a definição de razões, e assim por diante. Mas não há uma divisão clara entre o comportamento que expressa ideias discursivas e aquele que não as expressa; e aquele que não as expressa é suficientemente similar àquele que as expressa para tornar necessário considerá-lo análogo ao outro. Assim, mesmo quando não seria natural dizer que um dado tipo de relação social expressa quaisquer ideias de uma natureza discursiva, ainda assim ela é mais próxima àquela categoria geral do que da ideia de interação de forças físicas.

Collingwood fornece uma ilustração notável disso em sua discussão da analogia entre a linguagem e o traje.[4] Consideremos a seguinte cena do filme *Os brutos também amam*. Um cavaleiro solitário chega à isolada casa de um pequeno fazendeiro nas pradarias norte-americanas que está sofrendo as destruições causadas pela classe ascendente dos grandes criadores de gado. Embora eles dificilmente troquem palavras, um vínculo de simpatia nasce entre o estranho e o proprietário. O estranho silenciosamente se junta ao outro para retirar com grande

---

4 Collingwood, *The Principles of Art*, p.244.

esforço um tronco de árvore do terreno; em uma pausa para respirar, eles se entreolham e sorriem de forma tímida. Ora, qualquer descrição explícita que se tentasse dar do tipo de compreensão que havia emergido entre esses dois, e que havia se expressado naquele olhar, seria sem dúvida muito complicada e inadequada. Nós a compreendemos, entretanto, assim como compreendemos o significado de pausa fértil (considere--se o que torna uma pausa *fértil*), ou como compreendemos o significado de um gesto que completa a afirmação. "Há uma história de que Buda, certa vez, no clímax de uma discussão filosófica... tomou uma flor em sua mão e olhou para ela; um de seus discípulos sorriu e seu mestre lhe disse, 'Você me compreendeu'."[5] E o que desejo insistir sobre isso é que, exatamente como em uma conversação, o ponto de consideração (ou da pausa) depende de sua relação interna com o que ocorreu antes, de forma que, na cena do filme, a troca de olhares deriva seu completo significado de sua relação interna com a situação na qual ocorre: a solidão, a ameaça de perigo, o compartilhamento de uma vida em comum em circunstâncias difíceis, a satisfação no esforço físico, e assim por diante.

Podemos pensar que há certos tipos de relação social particularmente importantes para a sociologia e a história, em que essas considerações não são verdadeiras: por exemplo, guerras nas quais a questão entre os combatentes não é nem remotamente de natureza intelectual (como poderíamos dizer, por exemplo, que eram as Cruzadas), mas apenas uma luta pela sobrevivência física, como em uma guerra entre migrantes famin-

---

5 Ibid., *The Principles of Art*, p.243.

A ideia de uma ciência social e sua relação com a filosofia

tos e os proprietários da terra que eles estão invadindo.[6] Mas mesmo aqui, embora a questão de certo modo seja puramente material, a forma que a luta toma ainda envolverá sempre relações internas em um sentido que não seria possível se, digamos, fosse uma luta entre dois animais selvagens por um pedaço de carne. Pois os beligerantes são *sociedades* em que existem mais coisas além de comer, procurar abrigo e reproduzir; na qual a vida é conduzida por ideias simbólicas que expressam certas atitudes como sendo entre homem e homem. Essas relações simbólicas, incidentalmente, afetarão mesmo o caráter dessas atividades "biológicas" básicas: não ilumina muito a forma particular que essas formas podem tomar em uma dada sociedade falar delas na terminologia neomarxista de Malinowski como realizando a "função" de prover para a satisfação das necessidades biológicas básicas. Certamente, "atitudes de grupos de fora" entre os membros de minhas hipotéticas sociedades em guerra não serão as mesmas "atitudes dos grupos de dentro" (se eu for perdoado pelo momentâneo lapso de cair no jargão da psicologia social). De toda forma, o fato de que os inimigos são *homens*, com suas próprias ideias e instituições, e com quem seria possível se comunicar, afetará as atitudes dos membros de outras sociedades para com eles — mesmo se seu único efeito seja torná-los mais ferozes. A guerra humana, como todas as outras atividades humanas, é governada por convenções; e onde estivermos lidando com convenções, estaremos lidando com relações internas.

---

6 Esse exemplo foi sugerido em discussão com meu colega J. C. Rees, que também sugeriu a necessidade de toda esta seção.

Peter Winch

3. As ciências sociais e a história

Essa visão da questão possibilita uma nova apreciação da concepção de Collingwood de toda a história humana como a história do pensamento. Essa concepção é sem dúvida um exagero, e a noção de que a tarefa do historiador é repensar os pensamentos dos participantes da história é, em alguma medida, uma distorção intelectualista. Mas Collingwood está certo se considerarmos que sua concepção significa que a forma de compreender os eventos na história humana, mesmo aqueles que não podem naturalmente ser representados como conflitos entre ideias discursivas ou desenvolvimentos de ideias discursivas, é mais proximamente análoga à forma na qual compreendemos as expressões de ideias do que à forma que compreendemos processos físicos.

Há um certa consideração, de fato, à qual Collingwood não dá atenção suficiente: à maneira como uma forma de pensar e uma situação histórica à qual pertence formam um todo indivisível. Ele diz que o objetivo do historiador é pensar os mesmos pensamentos que uma vez foram pensados, exatamente como foram pensados no momento histórico em questão.[7] Mas embora formas extintas de pensar, em certo sentido, possam ser resgatadas pelo historiador, a forma na qual o historiador as pensa será colorida pelo fato de que ele tem que empregar métodos historiográficos para resgatá-las. O cavaleiro medieval não tinha que usar esses métodos para ver sua dama nos termos das noções do amor cortês: ele apenas pensava nela nesses termos. A pesquisa histórica pode possibilitar

---

7 Collingwood, *The Idea of History*, Parte V.

A ideia de uma ciência social e sua relação com a filosofia

que eu consiga alguma compreensão do que estava envolvido nesse modo de pensar, mas não vai me possibilitar pensar em *minha* dama nesses termos. Eu estaria sempre consciente de que isso seria um anacronismo, o que significa, certamente, que eu não deveria pensar nela nos termos exatos como fez o cavaleiro sobre sua dama. E, naturalmente, é ainda mais impossível pensar em *sua* dama como ele pensou.

Entretanto, a visão de Collingwood está mais próxima da verdade do que a mais recomendada das metodologias empíricas das ciências sociais, que se desenvolve mais ou menos da seguinte forma — de um lado temos a história humana, que é um tipo de repositório de dados. O historiador desenterra esses dados e os apresenta aos seus colegas de mentalidade mais teórica, que então produzem generalizações científicas e teorias que estabelecem conexões entre um tipo de situação social e outro. Essas teorias podem então ser aplicadas à própria história no sentido de aperfeiçoar nossa compreensão das formas como esses episódios estão mutuamente conectados. Tentei mostrar, particularmente em relação a Pareto, como isso envolve minimizar a importância das ideias na história humana, uma vez que ideias e teorias estão em constante desenvolvimento e mudança, e uma vez que cada sistema de ideias, seus elementos componentes sendo internamente inter-relacionados, deve ser entendido em si mesmo e para si mesmo. O resultado combinado disso é tornar os sistemas de ideias muito inadequados para amplas generalizações. Também procurei mostrar que as relações sociais realmente existem apenas nas ideias e através das ideias correntes na sociedade, ou, alternativamente, que as relações sociais caem na mesma categoria lógica, tal como as relações entre ideias. Segue-se que as relações sociais também não são um ob-

Peter Winch

jeto adequado para generalizações e teorias do tipo científico a serem formuladas sobre elas. A explicação histórica não é a aplicação de generalizações e teorias a exemplos específicos: é o delineamento das relações internas. É como aplicar o conhecimento que alguém tem de uma linguagem para compreender uma conversação, mais do que aplicar o conhecimento de alguém sobre as leis da mecânica para compreender o funcionamento de um relógio. O comportamento não linguístico, por exemplo, tem um "idioma" do mesmo modo que o tem uma linguagem. Do mesmo modo que pode ser difícil resgatar o idioma do pensamento grego em uma tradução de um diálogo platônico para a língua inglesa moderna, pode ser um equívoco pensar o comportamento das pessoas em sociedades remotas nos termos do comportamento com que estamos acostumados em nossa própria sociedade. Pensemos no desconforto que geralmente se tem sobre a autenticidade das evocações históricas "vigorosas" como aquelas presentes em alguns dos romances de Robert Graves: isto não tem nada a ver com as dúvidas sobre a precisão do escritor quanto aos detalhes externos.

A relação entre as teorias sociológicas e a narrativa histórica é menos semelhante do que a relação entre as leis científicas e os relatórios de experimentos ou observações, do que é entre teorias da lógica e a argumentação em linguagens específicas. Consideremos, por exemplo, a explicação de uma reação química nos termos de uma teoria sobre estrutura molecular e de valência: aqui a teoria *estabelece* uma conexão entre o que ocorre em um momento em que dois elementos químicos são colocados juntos e o que ocorre no momento subsequente. É apenas *nos termos da teoria* que podemos falar de eventos sendo "conectados"

A ideia de uma ciência social e sua relação com a filosofia

(por oposição a uma simples conexão espaçotemporal); a única forma de apreender a conexão é aprender a teoria. Mas a aplicação de uma teoria lógica a uma peça de raciocínio não é assim. Não temos que conhecer a teoria para compreender a conexão entre os passos do argumento; ao contrário, é apenas na medida em que podemos apreender as conexões lógicas entre afirmações específicas em linguagens específicas que estamos em posição de entender o que é a teoria lógica (isso está implícito no argumento de Lewis Carroll a que me referi anteriormente). Enquanto na ciência natural é o seu conhecimento teórico que o capacita a explicar ocorrências ainda não conhecidas, um conhecimento da teoria lógica, por outro lado, não vai capacitá-lo a compreender uma peça de raciocínio em uma linguagem desconhecida. Você terá que aprender aquela linguagem, e isso, em si, *pode* ser suficiente para capacitá-lo a apreender as conexões entre as várias partes dos argumentos naquela linguagem.

Consideremos agora um exemplo da sociologia. Georg Simmel escreve:

A degeneração de uma diferença de convicções em ódio e luta apenas ocorre quando há similaridades originais e essenciais entre as partes. O (sociologicamente muito significante) "respeito pelo inimigo" está em geral ausente onde a hostilidade emerge sobre a solidariedade anterior. E onde similaridades suficientes continuem tornando possíveis confusões e imprecisões, pontos de diferença necessitam uma ênfase não justificada pela questão, mas apenas pelo perigo da confusão. Isto estava envolvido, por exemplo, no caso do catolicismo em Berna... o catolicismo romano não tem que temer qualquer ameaça à sua identidade vindo do contato externo com uma igreja tão diferente como a Igreja da Reforma, mas sim, de algo mais estreitamente próximo ao velho catolicismo.[8]

O que desejo afirmar é que não é *através* da generalização de Simmel que compreendemos a relação que ele aponta entre o velho catolicismo e o catolicismo romano: nós o compreendemos apenas na medida em que compreendemos os dois sistemas religiosos em si e suas relações históricas. A "lei sociológica" pode ser útil em chamar a atenção a aspectos das situações históricas que podem escapar e sugerir analogias úteis. Aqui, por exemplo, podemos ser conduzidos a comparar o exemplo de Simmel com as relações entre o Partido Comunista Russo e, de um lado, o Partido Trabalhista Britânico e, de outro, o Partido Conservador Britânico. Mas nenhuma situação histórica pode ser compreendida simplesmente "aplicando" tais leis, como se aplicam leis em ocorrências específicas na ciência natural. De fato, é apenas na medida em que temos uma compreensão histórica *independente* das situações como essa que somos capazes de compreender o que a lei significa. Isso não é como ter que conhecer o tipo de experimento no qual uma teoria científica está baseada antes que compreendamos a teoria, pois não faria sentido falar de compreensão das conexões entre as partes de um experimento, exceto nos termos da teoria científica. Mas podemos entender muito bem a natureza das relações entre o catolicismo romano e o velho catolicismo sem ter ouvido falar da teoria de Simmel, ou qualquer coisa parecida.

---

8 Simmel, *Conflict*, Cap.I.

A ideia de uma ciência social e sua relação com a filosofia

4. Consideração final

Neste livro não procurei considerar as diferenças incontestáveis que existem entre tipos específicos do estudo social, como a sociologia, a teoria política, a economia, e assim por diante. Em vez disso, quis destacar certos aspectos da noção de um estudo social como tal. Não considero que diferenças metodológicas individuais, mesmo que sejam importantes dentro de seu próprio contexto, possam afetar as grandes linhas do que procurei apresentar. Pois isso pertence à filosofia mais do que ao que é usualmente compreendido pelo termo "metodologia".

Referências bibliográficas

ACTON, H. B. *The Illusion of the Epoch*. Londres: Cohen & West, 1955.

ARON, Raymond. *German Sociology*. Melbourne; Londres; Toronto: Heinemann, 1957.

AYER, A. J. *The Problem of Knowledge*. Londres: MacMillan; Penguin Books, 1956. [Ed. port.: O problema do conhecimento. Lisboa: Ulissea, [s.d.].]

_____; Rhees, R. Can There Be a Private Language? *Proceedings of the Aristotelian Society*, Suppl. v.XXVIII, n.1, p.63-94, 1954.

BURNET, John. *Greek Philosophy*. Londres: MacMillan and Co., [1914] 1928.

CARROLL, Lewis. What the Tortoise Said to Achilles. In: *The Complete Works*. Londres: Nonesuch Press, 1956.

COLLINGWOOD, R. G. *The Idea of History*. Oxford: Oxford University Press, 1946. [Ed. port.: A ideia de história. Lisboa: Presença, 1972.]

_____. *The Principles of Art*. Oxford: Oxford University Press, 1938.

CRANSTON, Maurice. *Freedom*: A New Analysis. Londres: Longmans, Green & Co., 1953.

DIAMOND, Cora. Rules Looking in the Right Place. In: PHILLIPS, D. Z.; WINCH, P. (eds.). *Attention to Particulars*. Londres: MacMillan, 1989.

DURKHEIM, Émile. *Suicide*: A Study in Sociology. Londres: Routledge & Kegan Paul, 1952. [Ed. bras.: *O suicídio*: estudo de sociologia. São Paulo: Martins Fontes, 2000.]

_____. Essais sur la conception matérialiste de l'histoire. *Revue Philosophique*, v.XLIV, dez. 1897.

FRAZER, James. *The Golden Bough*. 2v. Reino Unido: MacMillan, 1890. [Ed. bras.: *O ramo de ouro*. Rio de Janeiro: Zahar, 1982.]

FREUD, Sigmund. *Psychopathology of Everyday Life*. Nova York: MacMillan Co., 1914. [Ed. bras.: *Sobre a psicopatologia da vida cotidiana*. Porto Alegre: L&PM, 2018.]

GEACH, Peter. *Mental Acts*. Londres: Routledge & Kegan Paul, 1957.

GINSBERG, Morris. *On the Diversity of Morals*. Londres: Heinemann, 1956.

HALL, Penelope. *The Social Services of Modern England*. Londres: Routledge & Kegan Paul, 1952.

HUME, David. *Enquiry Concerning Human Understanding*. Londres: Andrew Millar, 1748. [Ed. bras.: *Investigações sobre o entendimento humano e sobre os princípios da moral*. 1.ed. São Paulo: Editora Unesp, 2004.]

_____. *A Treatise on Human Nature*. 2v. Londres: Longmans, Green and Co., 1874. [Ed. bras.: *Tratado da natureza humana*. 2.ed. rev, e ampl. São Paulo: Editora Unesp, 2009.]

LASLETT, Peter (ed.). *Philosophy, Politics and Society*. Oxford: Blackwell, 1956.

LESSING, Gotthold Ephraim. *Anti-Goeze*. Alemanha: Buchh. des Fürstl. Waisenhauses, 1778.

LEVI, Edward H. *An Introduction to Legal Reasoning*. Chicago: University of Chicago Press, Phoenix Books, 1949.

LYND, Robert Staughton. *Knowledge for What?* Princeton: Princeton University Press, 1945.

LOCKE, John. *An Essay Concerning Human Understanding*. 1.ed. Londres: Thomas Basset, 1690. [Ed. bras.: *Ensaio sobre o entendimento humano*. São Paulo: Martins Fontes, 2012.]

MALCOLM, Norman. Wittgenstein's Philosophical Investigations. *Philosophical Review*, v.LXIII, p.530-59, 1954.

A ideia de uma ciência social e sua relação com a filosofia

MANDELBAUM, Maurice. Societal Facts. *B. J. Sociol.*, v.VI, n.4, 1955.

MILL, John S. *A System of Logic*. Reino Unido: John Stuart Mill, 1843.

MOORE, G. E. Proof of an External World. *Proceedings of the British Academy*, v.25, p.273-300, 1939. Disponível em: <https://archive.org/details/burnetsgreekphil00burnuoft/page/10/mode/2up>. Acesso em: 29 abr. 2020. [Ed. bras.: *Prova de um mundo exterior*. Trad. Pablo Rubén Mariconda. São Paulo: Abril Cultural, 1980. Coleção Os Pensadores.]

NEWCOMB, T. M. *Social Psychology*. Londres: Tavistock Publications, 1952.

OAKESHOTT, Michael. *Rationalism in Politics*. Londres: Methuen, 1962.

_____. Rational Conduct. *Cambridge Journal*, v.4, p.3-27, 1950-1951.

_____. *Political Education*. Cambridge: Bowes and Bowes, 1951.

_____. The Tower of Babel. *Cambridge Journal*, v.2, p.67-83, 1948-1949.

PARETO, Vilfredo. *The Mind and Society*. Nova York: Harcourt Brace, 1935.

PARSONS, Talcott. *The Structure of Social Action*. Londres: Allen & Unwin, 1949. [Ed. bras.: *A estrutura da ação social*. Petrópolis: Vozes, [s.d.]. v.1: Marshall, Pareto, Durkheim; v.2: Weber.]

PHILLIPS, D. Z.; WINCH, P. (eds.). *Attention to Particulars*. Londres: MacMillan, 1989.

POPPER, Karl. *The Poverty of Historicism*. Londres: Routledge & Kegan Paul, 1957.

_____. *The Open Society and its Enemies*. Londres: Routledge & Kegan Paul, 1945. [Ed. bras.: *A sociedade aberta e seus inimigos*. Belo Horizonte; São Paulo: Itatia; Edusp, 1974.]

RENNER, Karl. *The Institutions of Private Law and their Social Function*. Introd. O. Kahn-Freund. Londres: Routledge & Kegan Paul, 1949.

RHEES, Rush. Wittgenstein's Builders. In: *Discussions of Wittgenstein*. Londres: Routledge & Kegan Paul, 1969.

RYLE, Gilbert. *Dilemmas*. Cambridge: Cambridge University Press, 1954. [Ed. bras.: *Dilemas*. São Paulo: Martins Fontes, 1993.]

_____. *The Concept of Mind*. Londres; Nova York: Hutchinson, 1949.

SHERIF, M.; SHERIF, C. *An Outline of Social Psychology*. Nova York: Harper, 1956.

SIMMEL, Georg. *Conflict*. Glencoe, Reino Unido: Free Press, 1955.

STRAWSON, P. F. Critical Notice. *Mind*, v.LXIII, n.249, p.70-99, jan. 1954.

WEBER, Max. *Wirtschaft und Gesellschaft*. Tübingen: Mohr, 1956. [Ed. bras.: *Economia e sociedade*. Brasília: Editora da Universidade de Brasília, 2000.]

_____. *Gesammelte Aufsätze zur Wissenschaftslehre*. Tübingen: Mohr, 1922.

WELDON, T. D. *The Vocabulary of Politics*. Londres: Penguin Books, 1953.

WINCH, Peter. *Simone Weil*: The Just Balance. Cambridge: Cambridge University Press, 1989.

_____. *Trying to Make Sense*. Oxford: Basil Blackwell, 1987.

_____. Nature and Convention. In: *Ethics and Action*. Londres: Routledge & Kegan Paul, 1972. p.50-72. [Série Studies in Ethics and the Philosophy of Religion.]

_____ (ed.). *Studies in the Philosophy of Wittgenstein*. Londres: Routledge & Kegan Paul, 1969.

WITTGENSTEIN, Ludwig. *Remarks on the Foundations of Mathematics*. Oxford: Blackwell, 1956.

_____. *Philosophical Investigations*. Oxford: Blackwell, 1953. [Ed. bras.: *Investigações filosóficas*. 9.ed. Petrópolis: Vozes, 2014.]

_____. *Tractatus Logico-Philosophicus*. Londres: Kegan Paul, 1923. [Ed. bras.: *Tractatus Logico-Philosophicus*. 3.ed. São Paulo: Edusp, 2020.]

Índice remissivo

A

ação social 81-2, 152-6

ações 11-2, 17, 26-8, 58, 61-2, 65-6, 78, 80-3, 92-3, 95, 111, 115, 123, 132-4, 137, 152, 154, 157-73

ações *wertrational* 134

ações *zweckrational* 134

Acton, H. B. 108-9

amizade 159

anarquista 85-6

animais 18, 25, 42, 94, 112, 167

Anscombe, G. E. M. 145

aprendizado 46-7, 64, 86-7, 90-4, 109-10, 118, 122, 156, 165, 171

aritmética 62-3, 145

Ayer, A. J. 36, 68-72, 108, 121n

B

batismo 141-2, 145

Beethoven 129

Brecht, Bertolt 155

Buda 166

Burnet, J. 41, 53, 57

C

Carroll, Lewis 89-90, 171

catolicismo 171-2

Chaucer, Geoffrey 118

ciência 10, 15-6, 26, 28-31, 34-6, 39-42, 50, 56, 74, 101-30, 137-9

ciência natural 11-2, 16-7, 26, 33-4, 101, 103, 107, 118-9, 127, 138, 154-5, 163, 171-2

ciúmes 12, 116-8

Cockroft-Walton experimentos 120

Collingwood, R. G. 126, 139, 150, 162, 165, 168-9

comando e obediência 93-4, 99, 160-1

comportamento não lógico 136-7

comportamento significativo 73-99, 148, 152-6
compreensão 9-13, 18, 21-3, 25-31, 36, 45, 50-6, 68, 73-4, 80, 90, 94, 99, 101, 110, 114, 119-20, 123-30, 138, 147-8, 152, 154-6, 166, 169, 172
compromisso 129
conceitos 10-1, 21-5, 28-31, 38, 46-8, 50-1, 67, 76-81, 94, 107-10, 121-32, 146, 150-1, 156, 157-73
conduta alternativa 98-9
conduta lógica e não lógica 131-40
Cranston, Maurice 129
critérios 15-6, 53, 66, 72, 82, 91-3, 108, 119-23, 127, 134, 136-9, 144-5, 164

D
decisões 128-9
definições 14-5, 58-9, 61, 68, 83, 91, 165
derivações 140-8
disposições 115-8
dor de cabeça 115
dor de dente 47, 114-5
Durkheim, Émile 55-6, 131, 146-8

E
economia 74, 125, 173
Einstein, Albert 75, 139
emoções 88, 110, 118
empatia 126

empiricismo 11, 41, 45-6, 48-50, 104-7, 119, 127, 132-4, 142, 146, 156, 169
empresários 135-6
Engels, Friedrich 108
engenharia 124, 135
epistemologia 37-9, 45, 50-6, 73-6
erro 9, 41, 64-5, 71-2, 91-2, 108, 127, 135-6, 139, 150, 153, 155
estatística 104, 149-52
estímulo e resposta 93-4, 97, 99
etologia 105-6
Evans, Caradoc 155
eventos 102, 115-6, 119, 125, 131, 141, 145, 153-4, 160-1, 163, 168, 170-1

F
fariseu e publicano 123
filosofia 33-56, 65, 73-7, 101-2, 129, 138-9, 150, 173
física 88, 105, 119-20, 122, 165
fisiologia 105
Flew, A. G. N. 36
Frazer, Sir James 150
Freud, Sigmund 80-1, 125, 141
função 26, 57, 133, 152, 167
futuro 14, 48, 55, 61, 83-4, 117, 128

G
Geach, Peter 116, 156
generalizações 11, 26-8, 41, 50, 77, 90, 102-4, 107, 110, 116,

A ideia de uma ciência social e sua relação com a filosofia

118-9, 122-3, 140-1, 147, 156, 169-70, 172
Ginsberg, Morris 80-1, 149, 155-6
gramática 86-7, 162
Graves, Robert 170
guerra 18, 35, 69, 163-4, 166-7

H
hábitos 91-8
Hall, Penelope 159
Haydn 129
Hegel, G. 39, 70, 108
história 38, 56, 74, 83, 90, 96, 98, 105-6, 155, 166, 168-73
Hume, David 11-2, 39-40, 48-50, 87-8, 102, 119n, 129, 159-60

I
Ibsen, H. 54-5
idealista 126
ideias discursivas e não discursivas 164-7
ideias, *ver* conceitos
identidade 59, 119-20, 123, 171
impulsos 111-2
inferência 90, 132
instituições sociais 10, 25, 119, 122-6, 163
intelectual 18, 53, 75, 87, 132, 138, 143-5, 166, 168
inteligibilidade 15-6, 50-3, 77, 137-9
intenção 71, 116-8, 128, 143
interação 17, 23-5, 77-8, 88, 129, 164-5
intuição 149, 156

J
justificação 70-2, 117

K
Kahn-Freund, O. 95
Kant, Immanuel 54-5

L
Labriola, A. 56n
Laslett, Peter 38
lei positiva 94-5
leis 26, 87, 103-6, 128, 149, 151-2, 154, 162, 170, 172
leis da mente 104-5, 110
Levi, E. H. 95
libertarismo 110
linguagem 12-4, 21-37, 43-8, 61, 65-72, 76-8, 109, 150, 157-60, 165, 170-1
Locke, John 35-7
lógica 89-90, 104, 107, 132, 136-7, 161-2, 170-1
Lynd, R. S. 140, 150
Lyttleton, Humphrey 129

M
magia 135-6, 150
Malcolm, Norman 67
Malinowski, B. 167
Mandelbaum, Maurice 164n
marxismo 129, 141, 155, 167
matemática 47, 62-3
mente 41, 53, 57, 80, 98-9, 104-5, 131-56
metafísica 22, 37-9, 45, 50, 52, 58, 132

181

meteorologia 103
método dedutivo inverso 106
metodologia 120, 169, 173
métodos experimentais 37, 40-1
Mill, J. S. 11-2, 101-11, 114-9, 122-3, 128
monge 55, 85
Monte Everest 57-60, 63
Moore, G. E. 41-3
moralidade 16, 91, 94, 97
motivo 11, 78, 81, 111-8
Mozart 129
mundo exterior 42
música 129

N
negócios 125
neurose 125
Newcomb, T. M. 111-6
Newton, Sir Isaac 33, 36
nomes 58, 68-9, 157-9

O
Oakeshott, Michael 87-91, 94-8, 126
obediência 160-1
observar 23, 31, 52, 103, 121-2, 144, 155, 158
organismo 111-2, 114, 146

P
Pareto, Vilfredo 16, 79, 131-48, 155, 169
Parsons, Talcott 81-2
participação 121, 123

pensamento 9, 15-6, 23-4, 40, 44, 49, 58, 99, 107, 110, 131, 168-70
poesia 29, 129, 158
Popper, Karl 106, 128, 148-9, 163-4
Poseidon 133
Pound, Roscoe 94-5
preceitos 85-90
predições 26, 118, 127-8, 152
preferência por liquidez 125
processos a priori 40-1
psicologia 22, 26, 105-6
psicologia social 74, 76, 111, 146, 167
psicoterapia 81

Q
qualidade e quantidade 70, 108
questões conceituais 41, 48-50

R
razão 11, 78-82, 87-8, 116-8, 129, 142
realidade 29, 35, 40-44, 47-58, 73, 138-9
Rees, J. C. 167n
reflexividade 96-9
regras 11, 13-4, 17, 27, 31, 57-65, 91-6, 97, 119-22, 127, 153-4
regularidade 11, 64, 103-4, 118-22, 149
relação interna 159, 166
relações sexuais 143
relações sociais 18, 55-7, 154-5, 157-64, 169

A ideia de uma ciência social e sua relação com a filosofia

religião 15-6, 37, 51-2, 123-4, 129, 137, 139
Renner, Karl 95n, 108n
resíduos 140-8
Rhees, Rush 16, 23-5, 43, 68n, 69, 121
Romeu e Julieta 112
rúgbi 129
Ryle, Gilbert 36, 51, 115-7, 160

S
Shakespeare, William 112
Sherif, C.; Sherif, M. 77n
significado 15, 27, 57-60, 66-7, 77-8, 84, 118, 148-9, 152, 159, 164, 166
símbolo 69, 120
Simmel, Georg 171-2
Sims, D. L. 155n
Sinn, ver comportamento significativo
sociedade 53-6, 131-56
sociologia 55-6, 73-7, 123, 132-3, 152-3, 166, 171, 173
Strawson, P. F. 66-8, 71n, 72
suicídio 148-9

T
tendência 106, 111, 128-9, 134
teoria das marés 103-4
teoria microbiana das doenças 157-8

trabalhador inferior (concepção) 35-9
tradição 82, 88, 96, 116, 128-9, 146, 156
Troilo e Criseida 118
trovão 160-1

U
uniformidades 103-4, 107, 119-20, 141
uso 11-4, 22-3, 30-1, 43, 48, 50, 58-60, 63, 65-72, 83, 85, 125, 140, 150-2, 155, 158, 163, 165

V
Verfremdungseffekt 155
Verstehen 148-52, 156
votar 79-82

W
Weber, Max 10, 78-83, 134, 148-56
Weldon, T. D. 44-8
Wiese, L. von 56
Wittgenstein, Ludwig 13-4, 16, 23, 25, 27, 31, 45-6, 51, 57-72, 73-5, 78, 92-3, 97, 117n, 139, 150-2, 155, 162

Z
Zeigarnik 113

SOBRE O LIVRO

Formato: 14 x 21 cm
Mancha: 23 x 44 paicas
Tipologia: Venetian 301 12,5/16
Papel: Off-white 80 g/m² (miolo)
Cartão Supremo 250 g/m² (capa)
1ª edição Editora Unesp: 2020

EQUIPE DE REALIZAÇÃO

Capa
Marcelo Girard

Edição de texto
Tulio Kawata (Copidesque)
Tomoe Moroizumi (Revisão)

Editoração eletrônica
Eduardo Seiji Seki (Diagramação)

Assistência editorial
Alberto Bononi